EN LA
BÚSQUEDA DE
DIOS

TOMMY TENNEY

UNILIT

Publicado por
Editorial **Unilit**
Miami, Fl. 33172
Derechos reservados

Primera edición 1999

Traducido al español por: Rogelio Díaz-Díaz
Revisado por: Sonia González de Vengoechea

Producto 497569
ISBN 0-7899-1077-2

Impreso en Colombia
Printed in Colombia

Dedicatoria

Este libro está dedicado a mi amorosa familia: a Jeannie, mi esposa por casi 20 años, y a mis tres hijas, Tiffany, Natasha y Andrea, quienes iluminan mi vida en la tierra y son inspiración de mucho de lo que escucho del cielo. Gracias Padre por dármelas "en préstamo."

También está dedicado a quienes en todo lugar anhelan y buscan a Dios, y con ahínco procuran alcanzar su presencia. Este libro se escribe para estos hambrientos buscadores de la presencia de Dios. Podría estar lleno de notas, glosas y comentarios si hubiese sido escrito para el académico analítico. Sin embargo, deliberadamente he elegido escribirlo en una estructura, un estilo y un tono más coloquial, de tal manera que pueda estimular más fácilmente el apetito y que algunos "gusten y vean que es bueno el Señor".

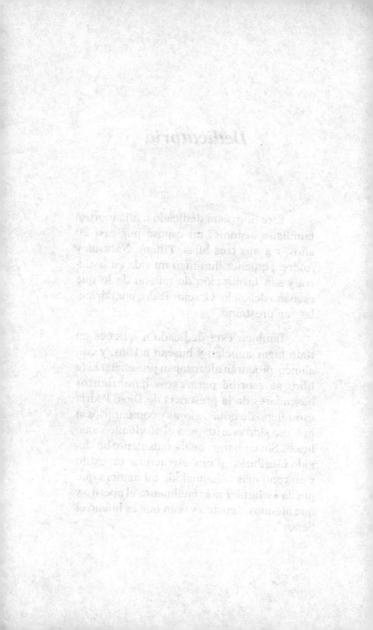

Comentarios

"Este libro encenderá en su corazón un vivo y ardiente deseo por la búsqueda de Dios. Tommy Tenney abre su corazón en un clamor sincero porque el Cuerpo de Cristo entre en una relación nueva y fresca con su Salvador. Debo advertirle que es un libro peligroso. Si usted se siente cómodo y satisfecho y quiere continuar así, ¡ni siquiera abra sus páginas!"

Cindy Jacobs,
Co-fundadora del
Ministerio General de Intercesión

"El decidido esfuerzo por alcanzar a Dios no es una serie de carreras cortas y rápidas. Es una carrera de fondo, de larga distancia. Aquí Tommy Tenney comparte su sincera persecución con la honestidad de un discípulo que finalmente es atrapado por la santa presencia de Dios. Tommy jamás volverá a ser el mismo, ni lo será quien lea y atienda el mensaje de *En la búsqueda de Dios.*"

Jane Hansen,
Presidente de Aglow International,
Edmonds, Washington

"Muy de vez en cuando aparece en los estantes de las librerías cristianas un libro que tiene un potencial fuera de lo común y que afecta la vida de todos los que lo leen. *En la búsqueda de Dios* no es para los medrosos o apocados, sino para quienes en su anhelo de Dios están dispuestos a morir en el proceso. Tommy Tenney es este tipo de hombre, que muere continuamente en procura de la presencia de Dios. Una lectura transformadora de vidas."

Ken Gott
¡Avivamiento Ahora!, Sunderland, Reino Unido

"Este libro por el Pastor Tommy Tenney impactará su vida. Yo puedo identificarme completamente con su mensaje. El suyo es un llamado a dejar la mediocridad y la religiosidad del que sigue al Señor sin entusiasmo, para convertirse en un decidido buscador de Dios. Uno que lucha y se fortalece al alcanzarlo y que penetra su presencia día a día y de manera constante. Los hombres y las mujeres a quienes Dios ha utilizado a través de la historia tenían diferentes trasfondos y culturas, pero a todos ellos les dio algo común: la misma pasión por conocerlo y por caminar con él. Hace muchos años mi vida y ministerio cristianos fueron absolutamente transformados por la comprensión de esta verdad. Si anhela vivir en una nueva dimensión espiritual, si quiere levantarse de la rutina cristiana superficial para alcanzar a Dios en su poder y en su gloria presentes, sin ninguna duda este libro es para usted."

Claudio Freidzon, Pastor de la Iglesia
Rey de Reyes, Buenos Aires, Argentina

"¿Está tratando de atrapar a Dios? ¿O él lo está atrapando a usted? En su libro *En la búsqueda de Dios,* Tommy Tenney provee inmensa ayuda y discernimiento a quienes se encuentran insatisfechos con su nivel de devoción al Señor y con su utilidad para otros. Utilizando los ejemplos de héroes y heroínas de los tiempos bíblicos y también contemporáneos, este libro hace más claro y agudo el enfoque de cada lector para comprender y abrazar su destino. Vivimos tiempos trascendentales e importantes y las oportunidades para compartir el Evangelio abundan. Sólo aquellos que procuran con ahínco la presencia de Dios, su Palabra y su Espíritu, abrazarán ese destino. Observamos el desarrollo de la historia, o la hacemos; somos sus observadores o sus protagonistas. El libro de Tommy Tenney nos ayudará a hacer algo de historia en el hogar, en el trabajo y en forma más extensiva en toda la sociedad, y a unos pocos en ministerios en el ámbito nacional e internacional."

Gerald Coates,
Conferenciante, Escritor, y Radiodifusor
Esher, Surrey, Inglaterra.

" 'Pero la hora viene, y ahora es, cuando los verdaderos adoradores adorarán al Padre en espíritu y en verdad; porque también el Padre tales adoradores busca que le adoren.´ (Juan 4:23 NAS) Tommy Tenney es un ministro del Espíritu Santo y un hombre que demuestra el poder de Dios en su vida. Quizá sus ojos se humedecerán con lágrimas y su corazón palpitará con hambre cuando se una a él en una ardiente búsqueda de la presencia manifiesta de Dios."

Bob Weiner, Fundador de los
Ministerios Internacionales Weiner, y
de Publicaciones Maranatha.

"Si usted busca una "emoción carismática instantánea" no la encontrará en este libro. Pero si absorbe el material en él contenido, si asimila el espíritu de Tommy y busca "el rostro del Señor," los resultados finales lo conmocionarán. Verá al verdadero Tommy Tenney emerger *En la búsqueda de Dios*. Él define mucho del sistema actual de la Iglesia como 'religioso pero...vacío.' Dice además: 'Usted puede ser un hijo de Dios y no disfrutar de su favor.´ Esto quizá lo hará llorar de arrepentimiento y tomar la determinación de lograr el favor Divino en su vida. Lo más importante que puedo decirle sobre este libro es que si lo lee y presta atención a su mensaje, desarrollará hambre de Dios y ésta lo pondrá en el camino hacia una gloriosa realización. ¿Por qué lo creo? Porque la Palabra dice que si tenemos hambre y sed, seremos saciados ...de justicia... ¡y de Dios! ¡Lea estas páginas y conviértase en un buscador de la presencia de Dios!

Charles Green, Pastor de la Iglesia de la Fe,
Nueva Orleans, Louisiana.

"Este libro debe ser leído por cada líder cristiano o por cualquiera que anhele serlo. Es una revelación de a dónde quiere Dios llevar a la Iglesia en el siglo veintiuno. El cambio debe comenzar *inmediatamente*. Se *deben* establecer las prioridades en un orden espiritual apropiado, dentro de nuevos paradigmas para el nuevo milenio. Dios tiene que ser *entronizado* como el *centro* y el *objeto absoluto* de toda nuestra vida.

Tommy Tenney ha captado el palpitar del corazón de Dios en relación con sus planes y propósitos, y su deseo de *intimidad* para dar poder a todos aquellos que lo entronizan en sus vidas. Si el mensaje de este libro es puesto en práctica, producirá un avivamiento tanto individual como colectivo en todas las iglesias del mundo, y millones de personas serán salvas."

Doctor Emanuele Cannistraci,
Pastor Asociado y Apóstol
de la Comunión Cristiana Evangélica, San José, California.

"Se ha dicho que las circunstancias desesperadas demandan medidas acordes con la crisis. Estos tiempos no son para quienes buscan un lento caminar hacia Dios. *Buscar Su Presencia* es la orden del día para hoy. Jacob no tuvo tiempo para construir un puente. En cambio aprovechó una noche crucial en que se sentía solo en su búsqueda de Dios. Después de su lucha en Jaboc, su nombre y su vida cambiaron para siempre. Estamos viviendo una época que culturalmente disfruta la Iglesia como algo usual pero que a la vez clama por un encuentro transformador con Dios. La Jornada y la comprensión tienen que ser personales. Este libro apunta en la dirección correcta. Yo encomio a mi hijo Tommy y a su libro, y espero que esté a tono con la época."

T.F. Tenney

"Lo que Tommy escribe en estas páginas lo vive día a día. *En la búsqueda de Dios* no sólo es la expresión del corazón de un hombre en sus páginas; es también la expresión de Dios a través de este hombre. En la vida real, Tommy es día a día un buscador, de buena fe, de la presencia de Dios. Que los corazones sean movidos al hambre de Dios, y sean abrumados con su amor como nunca antes, al leer este libro tan vital y necesario."

Reverendo Bart Pierce, Pastor Asociado
Iglesia de la Roca, Baltimore, Maryland

"Existe una dimensión más allá de la unción. Cuando Aarón fue ungido como sacerdote, inmediatamente entró en la presencia de Dios y no regresó hasta siete días después. La unción lo había preparado para entrar en el ámbito de la gloria.

Allí es donde yo siento que Dios está guiando a su pueblo en el día de hoy. El enfoque de mucha de la enseñanza en la Iglesia en el presente ha sido la unción. Ahora se enfatiza en la gloria de su presencia.

La lectura de *En la búsqueda de Dios* tocará una parte muy profunda de su ser. Se sentirá atraído hacia esa dimensión en donde Cristo nos invita a entrar: más allá del velo de su presencia manifiesta."

Richard Heard, Pastor Asociado
Tabernáculo Cristiano, Houston, Texas.

"Si alguien va a decirme cómo encontrar a Dios... cómo comprenderlo... y cómo agradarlo...si alguien va a enseñarme cómo disfrutar de ese Dios y cómo ser cambiado por él, me gustaría que fuera una persona para quien todo esto es una pasión y que pueda mostrar una búsqueda vital fructífera. Ese hombre es Tommy Tenney y estoy agradecido con él, porque nos ha pintado un verdadero cuadro de esas verdades *En la búsqueda de Dios*."

Doctor Ché Ahn, Pastor Asociado
Iglesia Harvest Rock, Pasadena, California

"El testimonio de Tommy Tenney puede inspirar su vida de oración de manera instantánea. ¡Lo hizo con la mía! Existen algunos cristianos que viven su vida en ciclos, experimentando períodos de tremenda unción y hambre de Dios. *En la búsqueda de Dios* es un desafío para que usted se convierta en uno de ellos. Si se atreve a leerlo con un corazón abierto, cambiará su vida."

Reverendo Sergio Scataglini, Pastor Asociado
Iglesia Puerta del Cielo, La Plata, Argentina.

"Yo he conocido a Tommy Tenney durante toda mi vida, pero cuando Dios lo tocó, su vida, su personalidad y su ministerio cambiaron. Si usted no quiere cambios durante el próximo milenio, ponga este libro a un lado. Le aseguro que no leerá nada parecido. Si decide leerlo se convertirá en alguien que persigue, hasta alcanzarla, la búsqueda real de Dios."

Stephan K.Munsey, Pastor
Centro Familiar Cristiano, Griffith, Indiana

"Conocí a Tommy Tenney hace casi cuatro años, en una conferencia de pastores en Beaumont, Texas. En ese entonces estaba hambriento de Dios, era obvio en su semblante. Era la misma hambre que yo sentía antes de ir a Toronto, unos pocos meses atrás. Oramos juntos y no volvimos a vernos durante los dos años siguientes. Cuando volví a verlo él había encontrado a Dios de una manera profunda, tanto que escucharlo tocaba lo más hondo de nuestro espíritu, haciéndonos sentir, casi que instantáneamente, en la presencia del Dios que este hombre estaba 'persiguiendo'. Este libro conmoverá lo más profundo de su ser, y le recordará la razón de su primer amor."

Joseph L.Garlington, Pastor
Iglesia del Pacto, Pittsburg, Pennsylvania

"He leído el libro de Tommy. Estoy solo en esta habitación, pero estoy visiblemente conmovido. He sido atrapado por el deseo de conocer al Señor. He tenido compañerismo con Tommy y soy testigo de su hambre de Dios. Su pasión por la presencia Divina es un reto para mí. Su vida es una influencia transformadora en la mía. Yo veré la gloria de Dios. Él se mueve en nuestro medio en el día de hoy. ¡Lea este libro! ¡Léalo con calma! ¡Conviértase en un hijo de Dios que busca Su Presencia!"

Don Finto, Pastor
Iglesia Belmont, Nashville, Tennessee

"Este es un libro maravilloso sobre el grandioso tema del riesgo de conocer a Dios. *En la búsqueda de Dios* es intenso, desafiante y sin concesiones. Tommy no ahorra esfuerzos en su exhortación a que tomemos una desesperada determinación de procurar y alcanzar a Dios."

Ted Haggard, Pastor Asociado,
Iglesia Nueva Vida, Colorado Springs, Colorado.

Contenido

Introducción

Siempre hay quien ansie
la búsqueda de Dios

C onsecuentes con la existencia de Dios, han existido
siempre quienes procuran alcanzarlo. La historia
está llena de sus historias individuales. La mía es
apenas una de tantas. Las historias de este tipo se pueden
leer como mapas, planos o guías que llevan al Lugar Santísimo, o a lugares de acceso a los cielos.

Los que procuran la presencia de Dios trascienden al
tiempo y a la cultura. Proceden de todo trasfondo imaginable. Vienen de cada época existente en el tiempo... desde
Abraham el errante pastor, Moisés el tartamudo adoptado, y David el pastorcito. A medida que el desfile del tiempo continúa, aparecen más nombres: Madame Jeanne
Guyón, Evan Roberts, William Seymour de la calle Azusa
de la fama, hasta llegar al día de hoy. En realidad sólo la
historia podría decirnos los nombres de los decididos
buscadores de Dios, pero ahí están. ¿Es usted uno de ellos?
Dios espera ser atrapado, justamente por alguien cuya
hambre de su presencia excede su capacidad de alcanzarlo.

Los que procuran su presencia con ahínco tienen mucho en común. Básicamente no están interesados en acampar en una verdad polvorienta, conocida por todo el mundo. Persiguen la fresca presencia del Omnipotente. A veces su búsqueda provoca el gesto escéptico de la Iglesia existente, pero generalmente son quienes la guían desde un lugar de aridez y sequía hasta el lugar de la presencia misma del Señor. Si usted es uno de los que procuran la presencia de Dios, no se contentará con seguir simplemente sus pisadas. Las seguirá *hasta lograr alcanzarla.*

La diferencia entre la verdad y la revelación de Dios es muy sencilla. La verdad es donde Dios *ha estado.* La revelación es donde él *está.* La verdad es las huellas de Dios, su rastro, su senda. ¿Que nos llevan a dónde? Nos llevan a Él. Tal vez las multitudes se contenten con saber dónde ha estado Dios, pero los verdaderos buscadores y perseguidores de Dios no se contentan con conocer sus huellas o sus verdades; quieren *conocerlo* a él. Quieren saber en dónde está y qué está haciendo en este momento.

Es triste que la mayor parte de la Iglesia, como aquel famoso detective de ficción, porta en su mano una gran lupa y estudia dónde ha estado el Señor. Por supuesto un cazador puede descubrir mucho si estudia las huellas de un animal. Puede determinar en qué dirección va, cuánto tiempo hace que pasó, su peso, si es macho o hembra, y así muchas otras cosas. Infortunadamente, la Iglesia de hoy gasta mucho tiempo y mucha energía en debatir dónde ha estado Dios, cuándo estuvo en determinado lugar, su peso en ese entonces y hasta su género. Para los verdaderos buscadores de Dios, estas cosas son insubstanciales. Desean correr rápida y ardientemente en la senda de su verdad, hasta arribar al punto de la revelación, en dónde él existe en el presente.

Quien procura la presencia de Dios quizás se emocione con alguna verdad empolvada, y tal vez se conmueva al determinar el peso o la intensidad de la Gloria experimentada en la senda, y el tiempo exacto de su ocurrencia en el pasado. Pero, he ahí el problema. ¿Qué tan pasada es esa experiencia y esa verdad? ¿Cuánto hace que tuvo vigencia? Quien realmente procura la presencia del Señor no se contenta con verdades pasadas; quiere tener verdades *actuales*. No se limita a estudiar en páginas enmohecidas lo que Dios ha hecho; está ansioso por ver lo que él hace.

Existe una gran diferencia entre verdades pasadas y verdades presentes.[1] Me temo que lo que la Iglesia más ha estudiado son verdades pasadas y muy poco de lo que sabemos son verdades presentes.

Si usted quiere reconocer al verdadero buscador de Dios, a aquel que persigue con afán su presencia, piense en un perro de caza, jadeante y excitado por la cercanía de su presa. Dé a los buscadores de Dios la oportunidad de saber que Él está cerca y mire lo que ocurre. Como dice la Biblia, la cercanía del agua puede hacer ocurrir muchas cosas.[2] Como sabuesos tras un rastro, se llenan de excitación al alcanzar su presa. En nuestro ejemplo, la presa es la presencia de Dios.

Todo lo que puedo decir es que soy alguien que procura alcanzar a Dios. Como lo son muchos otros que han tenido encuentros con Él. ¿Por qué no se une usted a nuestra compañía?

Justamente lo que nosotros queremos es estar con Él.

Notas Finales

1. Ver 1ª de Pedro 1:12

2. Ver Job 14:9

Capítulo 1

El día que casi atrapo a Dios

*Siguiendo a Dios con ahínco –
Salmo 63:8*

Creemos que sabemos dónde vive Dios.
Creemos saber lo que le gusta, y estamos *seguros* de conocer lo que le disgusta.

Hemos estudiado tanto la Palabra de Dios y sus viejas cartas a las iglesias, que algunos de nosotros pretendemos saberlo *todo* acerca de Dios. Pero ahora, personas como usted y yo, en el mundo entero, comienzan a escuchar una voz que les habla con persistente y penetrante repetición en la quietud de la noche:

"Yo no te pregunto cuánto sabes *acerca* de mí.
Te quiero preguntar: ¿Me *conoces* realmente?
¿De veras me *deseas*?

Yo creía tener una respuesta positiva. En un tiempo consideraba que había logrado una gran medida de éxito en mi ministerio. Después de todo, había predicado en las iglesias más grandes de Norteamérica, estaba involucrado en esfuerzos de alcance internacional con grandes hombres de Dios. Había ido a Rusia en numerosas ocasiones y ayudado a comenzar muchas iglesias allí. Hice muchas cosas *para* Dios...pues pensaba que eso era lo que se suponía que debía hacer.

Pero, en la mañana de un domingo de otoño, algo ocurrió que cambió todo eso. Algo que puso mis logros, mis credenciales y realizaciones ministeriales en peligro. Un viejo amigo mio, pastor de una iglesia en Houston, Texas, me había pedido que predicara en su iglesia. De alguna manera yo lo sentí como cosa del destino. Con anterioridad a su llamada había nacido en mi corazón un hambre que no se apartaba de mí. El vacío que me carcomía en medio de mis compromisos se hizo cada vez peor. Me encontraba frustrado en una Divina depresión del destino. Cuando él llamó sentí que algo de Dios nos esperaba. Poco sabíamos entonces que nos acercábamos a una cita Divina.

Soy miembro de la última de cuatro generaciones de cristianos llenos del Espíritu, con tres generaciones precedentes dedicadas al ministerio, pero debo ser honesto con usted: yo estaba harto de la iglesia. Era como la mayoría de personas a quienes procuramos atraer a nuestros servicios cada semana. No vienen porque también están hartos de la iglesia. Pero por otro lado, aunque la mayoría de esas personas que rondan por nuestras iglesias, viven en sus alrededores y entran a nuestros templos, estén hartos de iglesia, también están *hambrientos de Dios.*

"Menos de lo que el anuncio decía"

¿Puede decirme que no están hambrientos de Dios cuando usan cristales de la buena suerte en sus cuellos y gastan centenares de dólares al día escuchando a Gurús, y consultan a síquicos y mentalistas a los cuales pagan millones de dólares cada año? Tienen hambre de escuchar algo que sea superior a ellos mismos, algo que no escuchan en la Iglesia de hoy. El problema radica en que están hastiados de iglesia, porque la Iglesia ha sido, de alguna manera, ¡menos de lo que el anuncio decía! *¡La gente quiere conectarse con un poder superior!* Su hambre los lleva a cualquier otro lugar, menos a la Iglesia. En su búsqueda carnal procuran satisfacer el hambre que carcome el interior de sus almas.

Irónicamente, como ministro estaba sufriendo las mismas torturas del hambre que sufren los que nunca han conocido al Señor. Ya no me contentaba con saber *acerca* de Jesús. Usted puede saberlo todo sobre los presidentes, los miembros de la realeza, las celebridades. Puede conocer sus hábitos alimenticios, su dirección, su estado civil. Pero saber o conocer cosas acerca de sus vidas no implica intimidad con ellos. Eso no significa que usted los *conoce*. En esta información con chismecitos pasados de boca en boca, de papel en papel y de persona a persona, es posible traficar con los hechos concernientes a un individuo sin conocerlo personalmente.

Cuando usted escucha una conversación acerca de las últimas calamidades acontecidas a una celebridad, o del último triunfo que ha logrado, se sentirá inclinado a pensar que quienes hablan conocen a esa persona, cuando todo lo que saben es hechos y nada más. Por demasiado tiempo la Iglesia sólo ha sido experta en las *cosas* de Dios. Hablamos de técnicas pero no hablamos con él. Esa es la diferencia entre conocer a alguien, y conocer sólo hechos relacionados con él. Quizás sabemos muchas cosas acerca de presidentes, de miembros de la nobleza y de celebridades, pero realmente no los *conocemos*. Si alguna vez los conociéramos personalmente tendríamos que ser presentados, pues el mero conocimiento de los hechos de una persona no significa una amistad íntima con ella.

Sencillamente no es suficiente saber algo acerca de Dios. Las iglesias están llenas de personas que pueden ganar triviales competencias bíblicas pero que no lo *conocen* a él. Me temo que algunos de nosotros hemos perdido el camino enredados entre la prosperidad y la pobreza, y hemos llegado a ser una sociedad saturada de justicia propia, en la cual *nuestros* anhelos y *nuestros* deseos son totalmente diferentes a los del *Espíritu Santo*.

¡Si no somos cuidadosos podemos llegar a estar tan interesados en desarrollar "el culto a la comodidad" con nuestro cómodo pastor, nuestro cómodo templo, y nuestro cómodo círculo de amigos, de tal forma que olvidemos a los millares de personas insatisfechas, heridas y agonizantes que pasan por nuestra cómoda iglesia todos los días! No puedo dejar de pensar que si fallamos en *tratar* siquiera de alcanzarlos con el evangelio de Jesucristo, entonces *el Señor habrá desperdiciado una gran cantidad de su sangre derramada en la cruz del Calvario*. Ahora bien, *este* hecho *me* hace sentir muy incómodo.

Tenía que haber algo más. Yo estaba desesperadamente necesitado de un encuentro (de tipo íntimo) con Dios.

Regresé a casa después de haber predicado en la iglesia de mi amigo. El miércoles siguiente estaba en la cocina cuando el pastor llamó de nuevo. Me dijo: "Tommy, hemos sido amigos durante años. Y no creo que le haya pedido alguna vez a alguien que venga a mi iglesia dos domingos consecutivos, pero... ¿podrías venir el próximo domingo? Yo accedí. Podríamos decir que *Dios planeaba hacer algo*. ¿Estaba el perseguidor siendo apresado? ¿Estábamos a punto de ser aprehendidos por aquello que procurábamos apresar?[1]

Este segundo domingo fue aún más intenso. Nadie quería salir del edificio al concluir el servicio del domingo en la noche.

"¿Qué debemos hacer?" – preguntó mi amigo pastor.

"Debemos tener una reunión de oración el Lunes en la noche – dije –, sin un programa determinado. Midamos el hambre de la gente y veamos qué pasa."

Cuatrocientas personas aparecieron para la reunión de oración del lunes y todo lo que hicimos fue buscar el rostro del Señor. Definitivamente algo estaba en marcha. Una rendija minúscula aparecía en los cielos sobre la ciudad de Houston. El hambre colectiva clamaba por una visitación de naturaleza igual.

Volví a mi hogar y el miércoles el pastor estaba al teléfono de nuevo: "Tommy, ¿puedes volver el domingo otra vez?" Dejé pasar sus palabras y escuché su corazón. Él realmente no estaba interesado en que "yo" regresara. Lo que ambos, él y yo, queríamos era a Dios. Él es un compañero en la búsqueda de Dios y juntos realizábamos una ardiente persecución. Su iglesia había incentivado un hambre ardiente dentro de mí. También ellos se preparaban para la búsqueda, y existía el sentir de que estábamos próximos a "alcanzar" a Dios.

Esa es una frase interesante, ¿no cierto? *Alcanzar a Dios.* En realidad es una frase imposible. Podríamos alcanzarlo si el oriente pudiese alcanzar al occidente, pero están demasiado lejos el uno del otro. Es algo así como jugar a la persecución con mi hijita. Muy frecuentemente cuando ella llega a casa, después de un día de escuela, los dos realizamos este juego que practican incontables papás y sus niños en todo el mundo.

Cuando ella viene y trata de agarrarme, aun con todo mi peso no necesito correr. Con un poquito de astucia la esquivo aquí y allá, de suerte que ni siquiera logra tocarme, porque una niña de seis años de edad no puede atrapar un adulto. Pero en realidad ese no es el propósito del juego, porque después de unos pocos minutos de jugarlo, ella riendo me dice: "¡Ah, Papito!," y es en ese momento cuando captura mi corazón, si no ha podido capturar mi cuerpo o mi presencia. Y entonces, yo me doy vuelta y ya no es ella quien procura atraparme sino yo a ella, y caemos al pasto entre abrazos y besos. El perseguidor ha sido capturado.

¿Podemos atrapar a Dios? En realidad no, pero sí podemos alcanzar su corazón. David lo hizo. Y si podemos tocar su corazón, entonces él se da vuelta y nos atrapa. Eso es lo bello de tratar de alcanzar a Dios. Que usted procura lo imposible, sabiendo que sí es posible.

Esta comunidad de creyentes tenía programados dos servicios los domingos. Uno a las ocho treinta y el otro a las once de la mañana.

Cuando volví a Houston para pasar mi tercer fin de semana con la iglesia, estando aún en el hotel, sentí algún tipo de unción, una incubación del Espíritu y literalmente lloré y me estremecí.

⨍ Escasamente se podía respirar

La mañana siguiente entramos al templo para la reunión dominical de las 8:30, esperando tener el servicio acostumbrado, con creyentes "adormilados" adorando perezosamente. Al entrar y sentarme en la primera fila pude percibir que la presencia de Dios ya estaba allí de una manera tal que aún el aire se sentía pesado. Escasamente se podía respirar.

Los músicos claramente luchaban por continuar con su ministerio; sus lágrimas caían al piso. Cada vez se les hacía más difícil tocar. Finalmente la presencia de Dios los cubrió con tal fuerza que ya no pudieron tocar ni cantar. El líder de alabanza se dejó caer sollozando tras del teclado.

Si alguna decisión acertada he tomado en mi vida, fue la que tomé esa mañana. Jamás había estado tan cerca de "atrapar" a Dios y no me iba a detener. Así que le dije a mi esposa: "Jeannie, continúa tú guiándonos hacia el Señor." Jeannie tiene una unción especial para llevar a la gente a la presencia del Señor en adoración e intercesión. Calladamente pasó al frente para facilitar la adoración y ministración al Señor. No fue una ministración adornada, por el contrario fue bastante sencilla. Era la única respuesta apropiada en ese momento.

La atmósfera reinante me recordaba el pasaje de Isaías 6, algo de lo cual yo había leído y aún me había atrevido a soñar que podría ser mi experiencia. En este pasaje se nos cuenta que la Gloria del Señor llenó el templo. Jamás había podido comprender eso de que la Gloria del Señor llenara un determinado lugar. Yo había tenido la experiencia de que él viene a ciertos lugares, lo había sentido pasar, pero en esta ocasión en Houston, cuando pensaba que ya no había más, su presencia literalmente se consolidó dentro del recinto. Es algo así como la cola de un traje de novia; la novia entra y su cola sigue entrando al recinto tras ella. Dios estaba allí, de eso no hay duda. Pero más y más de su presencia entraba hasta que, como ocurrió en el pasaje descrito por el profeta Isaías, literalmente llenó el edificio.

Por momentos el aire estaba tan enrarecido que se hacía casi irrespirable. El oxígeno llegaba, aparentemente en pocas cantidades. Gemidos apagados comenzaron a oírse a través de todo el salón. En medio de todo esto el pastor se volvió a mí con una pregunta:

"Tommy, ¿estás listo para hacerte cargo del servicio?"

"Pastor, –dije–, estoy medio temeroso de estar aquí porque *siento que el Señor está a punto de hacer algo.*"

Las lágrimas rodaban por mis mejillas cuando dije tal cosa. Yo no tenía miedo de que el Señor me golpeara o de que algo malo fuera a ocurrir. ¡Sencillamente no quería interferir ni agraviar la preciosa presencia que llenaba el lugar!

Por mucho tiempo los creyentes sólo le hemos permitido al Espíritu Santo tomar control de nosotros *hasta cierto punto*. Básicamente, cuando quiera que se sale de nuestra zona de comodidad, o justamente un poquito fuera de nuestro control, entonces tomamos las riendas. (La Biblia llama a esto en 1ª de Tesalonicenses 5:19, "apagar el Espíritu.) Muchas veces nos detenemos frente al velo del tabernáculo.

"Siento que debo leer 2do. de Crónicas 7:14 y que tengo una palabra del Señor," –dijo mi amigo pastor. Con profusión de lágrimas rodando por mis mejillas asentí y le dije: "¡Vaya!"

Mi amigo no es un hombre dado a la expresividad o al emocionalismo, pero cuando subió a la plataforma estaba visiblemente conmovido. En este punto sentí que algo estaba a punto de ocurrir, entonces caminé todo el trayecto entre la primera fila y la parte posterior del recinto, junto a la cabina de sonido. Yo sabía que Dios iba a hacer algo, pero no sabía dónde. Yo estaba en la primera fila y podía ocurrir detrás de mí o a mi lado. Estaba tan desesperado por alcanzar al Señor que me levanté y caminé a la vista de todos hasta la cabina de sonido cuando el pastor subió al púlpito para hablar, de tal manera que pudiera observar cualquier cosa que pasara. No estaba seguro que fuera a ocurrir en la plataforma, pero sabía que algo acontecería. "Señor, quiero estar en capacidad de ver lo que sea que estás a punto de hacer."

Mi amigo pastor se apuró hacia el púlpito en el centro de la plataforma, abrió la Biblia y leyó el emocionante pasaje del Segundo libro de Crónicas 7:14:

> *Si se humillare mi pueblo, sobre el cual mi nombre es invocado, y oraren, y buscaren mi rostro, y se convirtieren de sus malos caminos; entonces yo oiré desde los cielos y perdonaré sus pecados, y sanaré su tierra.*

Luego cerró su Biblia, agarró los bordes del púlpito con manos temblorosas y dijo: "La Palabra del Señor para nosotros es que dejemos de buscar sus beneficios y lo busquemos a él. Ya no debemos buscar sus manos sino su rostro."

En ese momento escuché algo que sonó como el eco de un trueno a través de todo el edificio y el pastor fue literalmente lanzado como tres metros hacia la parte posterior, separándolo efectivamente del púlpito. Cuando esto ocurrió, el púlpito cayó hacia delante. El hermoso arreglo floral ubicado enfrente cayó al piso, pero *cuando el púlpito tocó el piso ya estaba partido en dos pedazos.*[2] ¡Se había partido en dos partes, como si un rayo lo hubiera tocado! En ese instante el tangible terror de la presencia de Dios llenó el recinto.

La gente comenzó a llorar y a gemir

Rápidamente caminé desde la parte posterior hacia el micrófono y dije: "En caso de que ustedes no estén conscientes de ello, Dios ha llegado a este lugar. El pastor está bien. (Pasarían dos horas y media antes de que pudiera levantarse de nuevo, y aún así, los ujieres tuvieron que llevarlo. Sólo su mano temblaba débilmente como para dar una prueba de vida.) Él va a estar bien."

Mientras todo esto acontecía, los ujieres corrieron rápidamente al frente para auxiliar al pastor y para recoger las dos partes del púlpito partido.

Nadie le prestó realmente mucha atención al púlpito partido; estábamos demasiado ocupados con los cielos abiertos. La presencia de Dios había impactado ese lugar como si hubiese sido una bomba. La gente comenzó a llorar y a gemir. Yo les dije: «Si ustedes no están donde deben estar, este es un buen momento para arreglar las cosas con Dios.» Yo jamás había presenciado una invitación al altar como esa. Se convirtió en un verdadero caos. Las personas se empujaban y se sacaban unas a otras del camino. No esperaban que se desocuparan los pasillos; se subían sobre las bancas, los hombres de negocios se desgarraban las corbatas, literalmente se amontonaban unos sobre otros en el acto de arrepentimiento más impresionante y armónico que usted jamás haya presenciado. Sólo recordarlo me produce todavía escalofrío. Cuando hice el llamado al altar en el servicio de las 8:30 de la mañana, no tenía ni la menor idea que ese sería el primero de *siete* llamados al altar ese mismo día.

Cuando llegó el momento de comenzar el servicio de las 11:00, nadie había salido del edificio. La gente todavía estaba postrada sobre su rostro, y aun se hacía difícil tocar cualquier tipo de música en ese momento. La adoración era general y desinhibida. Los hombres adultos danzaban como miembros de un ballet, los niños lloraban de arrepentimiento. La gente estaba de pie, sobre su rostro, sobre sus rodillas, pero todos en la presencia del Señor. Era tan manifiesta Su presencia y Su poder, que la gente empezó a sentir una urgente necesidad de ser bautizada. Pude observar a las personas cruzar las puertas del arrepentimiento, una tras otra experimentaban la Gloria y la presencia de Dios a medida que se acercaban. Luego quisieron ser bautizados y yo me vi en un aprieto sin saber qué hacer. El pastor estaba todavía en el piso y no era consciente. Personas prominentes se acercaron para decirme: «Tengo que ser bautizado. Alguien dígame qué debo hacer." Se unieron al desfile de los no salvos que ahora lo eran, incitados solamente por el encuentro con la presencia de Dios. No hubo sermón, ni música en ese momento. Solo su Espíritu.

Dos horas y media transcurrieron y el pastor sólo había podido mover un dedo para llamar a los ancianos, los ujieres lo llevaron a su oficina, Mientras tanto, toda esta gente me pedían a mí (o a cualquiera que podían encontrar) si podía bautizarlos. Como ministro visitante en esa iglesia no quise tomarme la autoridad de decirle a alguien que bautizara a estos hermanos, así que los envié a la oficina del pastor para ver si él autorizaba los bautismos en agua.

Hice un llamado tras otro al altar y centenares de personas pasaron adelante. Cuando más y más personas me pedían que los bautizara, noté que ninguno de los que había enviado a la oficina del pastor había regresado. Finalmente envié a uno de los jóvenes pastores asociados pidiéndole: "Por favor entérese qué quiere hacer el pastor en relación con los bautismos en agua; nadie ha regresado todavía para decírmelo." El hombre miró en la oficina pastoral y para su sorpresa vio al pastor que yacía todavía en el piso en la presencia del Señor, y todas las personas que había enviado en el piso también, gemían llenas de arrepentimiento delante de Dios. Se apuró a regresar para decirme lo que había visto y agregó: "Yo iré a preguntarle, pero si entro en esa oficina, quizás no regrese tampoco."

Bautizamos gente durante horas

Me encogí de hombros y estuve de acuerdo con el pastor asociado: "Supongo que no hay problema en bautizarlos." Entonces comenzamos a bautizar a las personas como una señal física de su arrepentimiento delante del Señor, y bautizamos gente durante *varias horas*. Más y más personas llegaban y aunque los asistentes al servicio anterior no habían salido todavía, había vehículos parqueados en todos los alrededores. Un campo deportivo al aire libre, ubicado cerca al edificio, se llenó con vehículos ubicados de diferentes maneras.

Al entrar al parqueadero, la gente sentía la presencia de Dios tan fuerte que comenzaba a llorar incontrolable. Entraban sin saber lo que ocurría. Algunos salían de sus vehículos y apenas se mantenían en pie tambaleantes. Otros entraron al edificio en donde caían al piso justo al cruzar las puertas. Los ujieres presionados tenían literalmente que halar a las personas afuera de las puertas y ayudarlos a ponerse de pie junto a las paredes de los pasillos para despejar la entrada. Otros lograban hacer parte del recorrido hacia los pasillos, y algunos lograron llegar hasta el salón de entrada antes de caer sobre sus rostros en arrepentimiento.

Algunos lograron entrar realmente al auditorio, pero la mayoría no se preocupó por encontrar asientos. Sencillamente se acercaron al altar. No importa qué hicieron o a dónde fueron, no pasó mucho tiempo antes de que comenzaran a llorar de arrepentimiento. No hubo predicación. Ni hubo música durante parte del tiempo. Básicamente una cosa aconteció ese día: *La presencia de Dios se manifestó.* Cuando eso ocurre, lo primero que usted hace es lo mismo que hizo Isaías cuando vio al Señor alto y sublime. Él clamó desde lo más profundo de su alma:

> *Entonces dije: ¡Ay de mí! que soy muerto; porque siendo hombre inmundo de labios, y habitando en medio de pueblo que tiene labios inmundos,* **han visto mis ojos al Rey**, *Jehová de los ejércitos.*
> (Isaías 6:5)

Como puede ver, en el instante en que el profeta, el siervo escogido de Dios, vio al Rey de gloria, lo que él solía considerar limpio y santo, ahora parecía ante sus ojos como trapos inmundos. Su reflexión fue: *¡Yo pensaba que conocía a Dios, pero yo no conocía **tanto** de Dios!* Ese domingo

parecía que estábamos tan cerca que casi lo atrapamos.
Pero ahora yo sé que ello es posible.

Ellos regresaron por más

La gente continuó llenando el auditorio vez tras vez
desde ese extraño servicio que comenzó a las 8:30 esa mañana. Finalmente me fui a almorzar hacia las 4:00 de la
tarde, y luego regresé otra vez al templo. Muchos no salieron. El servicio matutino de Escuela Dominical duró hasta
la 1:00 del lunes en la mañana. No tuvimos que anunciar
los planes para la noche del lunes. Todo el mundo ya los
sabía. Francamente, habría de todas maneras una reunión
esa noche, anunciada o no. La gente sencillamente fue a su
hogar a dormir un poco o cumplir sus deberes y regresa-
ron de inmediato *por más,* no por más de lo del hombre o
sus programas, sino por más de Dios y su presencia.

Noche tras noche el pastor y yo nos decíamos: "¿Qué
vamos a hacer?"

La mayoría de las veces nuestra respuesta del uno al
otro fue bien predecible: "Yo no sé. ¿Qué quiere Dios hacer?

A veces entramos al templo y procuramos hacer "ambiente de iglesia," pero el hambriento clamor de la gente
nos lleva rápidamente a la presencia de Dios, y de repente,
¡Dios nos tiene atrapados! Escúcheme mi amigo querido,
a Dios no le importa mucho su música, o las torrecitas de
su iglesia o su impresionante edificio. La alfombra no lo
impresiona pues él es quien ha alfombrado los campos. En
realidad no le importa nada de lo que usted "hace" para
él. Lo que realmente le importa es su respuesta a la pregunta: *"¿Me deseas?"*

¡Arruina todo lo que no
sea tuyo Señor!

Hemos programado nuestros servicios religiosos de forma tan meticulosa que en realidad no dejamos espacio para
el Espíritu Santo. ¡Ah, sí, claro que le permitimos que nos

hable un poquito de profecía, pero nos invaden los nervios si trata de romper nuestros horarios y nuestro esquema! No podemos dejar a Dios mucho tiempo fuera de la caja porque entonces puede llegar a arruinarlo todo. (Esa es precisamente ahora mi oración: "Señor, ¡rompe todos nuestros moldes y arruina todo lo que no es tuyo!")

Permítame hacerle una pregunta: "¿Cuándo fue la última vez que llegó a la iglesia y dijo: "Vamos a *esperar* en el Señor"? Yo creo que tenemos miedo de esperar en él por el temor de que no se manifieste. Al respecto tengo una promesa para usted: "...los que esperan a Jehová tendrán nuevas fuerzas." (Isaías 40:31a) ¿Quiere saber por qué hemos vivido débiles como cristianos y no hemos tenido todo lo que Dios quiere que tengamos? ¿Por qué no hemos vivido de acuerdo a nuestros privilegios, ni tenido el poder para vencer nuestra carnalidad? Tal vez porque no hemos esperado que él se manifieste y nos capacite con su poder, y procuramos hacer mucho mediante nuestro propio poder y capacidad.

Dios arruinó todo en Houston

No estoy tratando de hacerlo sentir mal. Yo sé que la mayoría de cristianos y la mayoría de nuestros líderes son bien intencionados, pero en la vida cristiana *hay muchísimo más*. ¡Usted puede "atrapar" a Dios, y él arruinará su forma de caminar. Pregúntele a Jacob. Hemos hablado, predicado y enseñado tanto sobre avivamiento, que la Iglesia está saturada de oír sobre el tema. Eso es lo que yo hice durante una vida: predicar sobre avivamiento. O eso es lo que pensé que hacía. Entonces el Señor se salió del molde, rompió mis esquemas y lo *arruinó todo* cuando se manifestó.

Durante las siguientes cuatro o cinco semanas, siete noches a la semana, centenares de personas hacían fila para demostrar su arrepentimiento, para recibir a Cristo como su Salvador, y para adorar, orar y esperar. Los hechos históricos ocurridos en el pasado y en el presente, ocurrían otra vez. Luego empecé a comprender: "Señor, tú quieres hacer esto en *todo lugar.*" Durante meses la presencia manifiesta de Dios cubría el lugar.

Dios regresa para posesionarse de nuevo de su Iglesia

Hasta donde yo sé, sólo hay algo que puede detener a Dios. No va a derramar su Espíritu en donde no exista hambre de su presencia. Él busca los hambrientos. Estar hambriento de Dios significa estar insatisfecho con *el estado actual de las cosas* que lo ha forzado a usted a vivir sin *él,* sin su plenitud. Él sólo viene cuando usted está dispuesto a entregarle todo a él. Dios regresa para posesionarse de nuevo de su Iglesia, pero usted debe estar hambriento.

Él desea revelarse entre nosotros. Quiere crecer y hacerse más y más fuerte cada día en nuestro interior *hasta que nuestra naturaleza carnal no pueda estar en pie.* Lo bello de todo esto es que *ni aun los no salvos que pasen junto a la iglesia podrán resistirse.* Comienza a ocurrir. Yo he visto el día cuando los pecadores se desvían de su camino al pasar junto a un lugar sobre el cual los cielos se han abierto. Entran a los parqueaderos con mirada perpleja, tocan en las puertas y dicen: "Por favor... hay algo aquí que yo quiero tener."

¿Qué debemos hacer?

¿No se encuentra usted cansado de distribuir tratados, de golpear puertas y de procurar que las cosas funcionen? Por largo tiempo hemos tratado de hacer ocurrir las cosas que creemos deben ocurrir. ¡Él quiere hacerlo ahora! ¿Por qué no descubre lo que él está haciendo y se le une? Eso fue lo que Jesús hizo. Él dijo: "Padre, ¿qué estás haciendo? Lo que tú haces es lo que yo haré."[3]

Dios quiere manifestarse en la iglesia que usted pastorea. ¿Cuánto hace que estuvo tan hambriento de Dios, y que esa hambre lo consumía hasta el punto que no le importaba lo que la gente pensará de usted? Lo reto para que se olvide en este momento de toda distracción y de toda opinión menos de una: la de Dios. ¿Qué siente al leer sobre la forma como Dios invadió estas iglesias? ¿Está acallando su inquietud? ¿Qué conmueve su corazón? ¿No siente el despertar de lo que usted pensó era un hambre muerta hace tiempo? ¿Cuánto hace que no sentía lo que siente en este preciso momento? Levántese y busque la presencia Divina. Sea uno que procura y alcanza la presencia de Dios.

No estoy hablando aquí de la emoción de la adoración y la alabanza tal como la conocemos. Sabemos cómo ejecutar la música "correcta" para que los cantos sean hermosos, y el acompañamiento infunda reverencia, y todo parezca perfecto. Pero no es a eso a lo que me refiero, ni es tampoco la causa de su hambre presente. Hablo de estar hambriento de la *presencia de Dios*. Eso exactamente: "hambre de la *presencia de Dios*".

Permítame decirlo de otra manera. Yo sé, en lo profundo de mi corazón, que la verdad del asunto es esta: Por mucho tiempo la Iglesia ha vivido en presunción de su propia justicia, lo cual incomoda a Dios sobremanera. Él ni siquiera puede vernos en nuestro estado actual. De la misma manera en que usted y yo nos sentiríamos abochornados por el mal comportamiento de un niño en un restaurante o en un supermercado, Dios siente de manera similar en relación con nuestra justicia propia. Se siente incómodo con nuestra presunción de justicia. No estamos tan "en orden" como pensamos.

¿Cuál es el remedio para esto?

"El arrepentimiento."

En aquellos días vino Juan el Bautista predicando en el desierto de Judea, Y diciendo: Arrepentíos, porque el reino de los cielos se ha acercado.

Pues éste es aquel de quien habló el profeta Isaías, cuando dijo: Voz del que clama en el desier-

*to: Preparad el camino del Señor, Enderezad sus
sendas.* (Mateo 3:1-3)

El arrepentimiento prepara el camino y allana la senda
para enderezar nuestros corazones. El arrepentimiento
allana las protuberancias y llena los vacíos que existen en
nuestra vida y en nuestras iglesias. *El arrepentimiento nos
prepara para la presencia del Señor.* De hecho usted no
puede vivir en su presencia sin arrepentimiento. El arrepentimiento permite la búsqueda de la Divina presencia.
Él construye la senda para que llegue a Dios (¡o para que
Dios llegue a usted!) Pregúntele a Juan el Bautista. Cuando él construyó el camino, Jesús "caminó por él".

Este es el punto crucial de lo que le estoy compartiendo.
¿Cuándo fue la última vez que usted dijo: "Voy en busca de
Dios"? ¿Cuál fue la última ocasión en que usted puso a un
lado todo lo que lo ocupaba y distraía, y recorrió el camino
del arrepentimiento *en procura de Dios?*

No es cuestión de orgullo,
es cuestión de *hambre*

Yo procuraba predicar buenos sermones a grandes multitudes y realizar grandes cosas para Dios. Pero todo eso se
arruinó. Ahora procuro la presencia de Dios. Ya nada más
me importa. Como su hermano en el Señor le digo que lo
amo, pero amo más al Señor. Ya no me preocupo de la opinión que otros ministros o las demás personas tengan de
mí. Ahora voy tras del Señor. Y esta no es una cuestión de
orgullo sino de *hambre.* Cuando usted vaya en procura de
Dios con todo su corazón, con toda su alma y con toda sus
fuerzas, él se volverá y lo encontrará, y usted saldrá de
este encuentro *echado a perder* para el mundo.

*Las buenas cosas han llegado a ser enemigas de las co-
sas mejores.* Yo lo desafío en este preciso momento en que
lee estas palabras para que permita que su corazón sea
quebrantado por el Espíritu Santo. Es tiempo de que viva
una vida santa. Renuncie a mirar lo que solía mirar; a leer
lo que acostumbraba leer, si le daba más importancia que

a la lectura de la Palabra del Señor. Él debe ser la causa y el objeto de sus ansias.

Si está contento y satisfecho con su vida actual, entonces no quiero molestarlo más y puede interrumpir la lectura de este libro. Pero si está hambriento de Dios, entonces tengo una promesa del Señor para usted. Él dijo: "Bienaventurados los que tienen hambre y sed de justicia, porque ellos serán saciados." (Mateo 5:6)

Nunca estamos realmente hambrientos

Nuestro problema es que nunca hemos estado realmente hambrientos. Satisfacemos nuestra vida y saciamos nuestra hambre con las cosas de este mundo. Nos hemos acercado a Dios, semana tras semana, y año tras año para que nos llene los pequeños espacios. Le digo que Dios está cansado de ocupar el "segundo lugar" en nuestra vida, después de todas las demás cosas. Aun de ser el segundo en los programas y en la vida de la iglesia.

Todas las cosas buenas, incluyendo las que hace su iglesia local, – desde dar de comer a los pobres, rescatar la vida de los bebés en el centro de consejería sobre el embarazo, hasta la enseñanza en las clases de Escuela Dominical –, todo debe ser el flujo o el resultado de la presencia de Dios. Nuestro factor básico de motivación debe ser: "Lo hacemos por él y porque es el deseo de su corazón". Pero si no somos cuidadosos podemos caer en la trampa de hacer cosas *para* él, olvidándonos de *él*.

Usted puede caer en el error de ser "religioso" y nunca llegar a ser espiritual. No importa cuánto ora usted. (Perdóneme por decir esto, pero usted puede ser un perdido que no conoce a Dios, y aún así practicar una vida de oración.) No me importa cuánto sabe de la Biblia, o cuánto sabe *acerca* de Dios. La pregunta es: *"¿Lo conoce usted?"*

Me temo que hemos saciado nuestra hambre de él leyendo las antiguas cartas de amor a las iglesias, que son las epístolas del Nuevo Testamento. Esto es bueno, santo y necesario, pero por la sola lectura *jamás tendremos inti-*

midad con el Señor. Hemos apagado nuestra hambre de su presencia *haciendo cosas* para él.

Un esposo y una esposa pueden hacer cosas el uno *para* el otro, sin amarse realmente. Pueden recibir juntos clases sobre el parto, tener hijos, y compartir el pago de una hipoteca, y nunca disfrutar el *elevado nivel de intimidad* que Dios diseñó y ordenó para el matrimonio (y no estoy hablando precisamente de la relación sexual). Muy a menudo vivimos en un nivel inferior al cual Dios preparó para nosotros; por eso cuando él se manifiesta con poder, nos causa conmoción. En gran mayoría, nosotros sencillamente no estamos preparados para ver "la gloria de Dios llenando el templo".

Quizá el Espíritu Santo le esté hablando. Si está reteniendo las lágrimas, déjelas correr. Yo le pido al Señor en este momento que despierte en usted esa hambre que ha tenido en el pasado y está ahora casi olvidada. Quizás en días pasados tenía este sentir y estas ansias de Dios, pero permitió que otras cosas lo llenaran reemplazando ese deseo por su presencia.

En el nombre de Jesús lo libero de la religiosidad muerta, para que pueda sentir hambre espiritual en este momento. Le pido al Señor que usted llegue a estar tan hambriento de Dios que ninguna otra cosa le importe.

Me parece ver que se enciende en usted una llamita vacilante que el Señor se encargará de avivar.

Señor, ¡estamos tan hambrientos!
¡Lo que anhelamos es justamente tu presencia!

Notas Finales.

1. Ver Filipenses 3:12

2. El púlpito estaba hecho de un material acrílico mal llamado también plexiglas. Los ingenieros dicen que puede resistir miles de libras de presión por centímetro cuadrado.

3. Ver Juan 5:19-20

Capítulo 2

No hay pan en la
"Casa del pan"

*Migajas en la alfombra, y
los estantes vacíos*

L a prioridad de la presencia de Dios se ha perdido en
la Iglesia moderna. Nuestras iglesias son como panaderías abiertas al público, pero no tienen pan
para ofrecer. Y aún más, no estamos interesados en vender
pan. Solo se oye algarabía alrededor de los hornos fríos y
de los estantes vacíos. De hecho nos preguntamos, ¿será
aquí o no?, y si es aquí, ¿qué es lo que Dios está haciendo?
¿Hacia dónde va el Señor? ¿O solo estamos preocupados
por barrer migajas imaginarias de panaderías que no tienen pan?

¿Sabemos siquiera
cuándo está Dios en la ciudad?

Un día Jesús hizo lo que nosotros llamamos su entrada
triunfal a Jerusalén en los lomos de un pequeño asno. En
su jornada hacia la ciudad, probablemente pasó junto al
templo de Herodes. Yo creo que la razón por la cual los

fariseos estaban disgustados por el desfile descrito en el capítulo 12 del evangelio de San Juan, es que interfería o molestaba el servicio que se realizaba dentro del templo.

Yo puedo oír sus quejas: "¿Qué es lo que pasa? ¡Están incomodando al sumo sacerdote! ¿No saben lo que estamos haciendo en el templo? Estamos realizando un importante servicio. ¿Saben por qué estamos orando? *¡Oramos por el Mesías que viene!* ¡Y ustedes tienen la osadía de molestarnos con este ruidoso desfile! ¿Quién es el líder de esta chusma revoltosa?

¡Ah!, ¿ve usted al sujeto montado en ese burrito?

Ellos perdieron la hora de su visitación. Él estaba en la ciudad y ellos no lo sabían. El Mesías pasó junto a su puerta cuando estaban adentro orando por su venida. El problema fue que llegó de la manera en que no lo esperaban, y por eso no lo reconocieron. Hubiera llegado sobre el lomo de un encabritado semental blanco, o en un carro real dorado con una falange de soldados que lo precedieran, los fariseos y los sacerdotes hubieran dicho: "Podría ser él". Infortunadamente estaban más interesados en un Mesías que rompiera el yugo de la esclavitud romana, que en uno que diera fin a la esclavitud espiritual que se había convertido en la plaga de su tierra y de su gente.

¡Dios se está alistando para irrumpir en los Estados Unidos de América, aún si al hacerlo tiene que pasar de lado por sus sofocantes iglesias, para manifestarse en las tabernas! Seremos sabios al recordar que él pasó por alto la élite religiosa antes de comer con los pobres, los profanos y las prostitutas. La Iglesia Occidental y la Iglesia en los Estados Unidos en particular, han exportado sus programas sobre Dios a todo el globo terráqueo, pero ya es tiempo de que aprendamos que nuestros *programas* no significan progreso. Lo que necesitamos es su *presencia*. Necesitamos tomar la decisión de que no importa lo que cueste y de donde provenga, lo necesitamos a *él*. Y él quiere llegar de acuerdo a sus condiciones y no de acuerdo con las nuestras. Hasta entonces la ausencia de lo sobrenatural afectará a la Iglesia.

Podemos estar *adentro* orando por su venida mientras él pasa *afuera* de nuestro recinto. Y lo que es peor, ¡los que "están adentro" se pierden su presencia, mientras que los que "están afuera" marchan con él!

El pan es escaso durante los tiempos de hambre

*Acontenció en los días que gobernaban los jueces, **que hubo hambre en la tierra**. Y un varón de **Belén de Judá**[1] fue a morar en los campos de Moab, él y su mujer, y dos hijos suyos.*

El nombre de aquel varón era Elimelec, y el de su mujer, Noemí; y los nombres de sus hijos eran Mahlón y Quelión , efrateos de Belén de Judá. Llegaron, pues, a los campos de Moab y se quedaron allí.

Y murió Elimelec, marido de Nohemí, y quedó ella con sus dos hijos, los cuales tomaron para sí mujeres moabitas; el nombre de una era Orfa, y el nombre de la otra, Rut; y habitaron allí unos diez años.

Y murieron también los dos, Mahlón y Quelión, quedando así la mujer desamparada de sus dos hijos y de su marido.

*Entonces se levantó con sus nueras, y regresó de los campos de Moab; **porque oyó** en el campo de Moab **que Jehová había visitado a su pueblo para darles pan.*** (Rut 1: 1-6)

La gente deja la casa del pan por algo

Noemí, su esposo y sus dos hijos dejaron su hogar y se mudaron a Moab *porque había hambre en Belén.* Considere el significado literal del nombre hebreo deu pueblo natal: Belén significa "casa del pan". La razón por la cual dejaron *la casa del pan* es que *no había pan en la casa*. Esa es también la sencilla razón por la cual la gente deja las iglesias: porque no hay pan. El pan era un elemento que hacía parte de las prácticas religiosas en el templo; era prueba de la presencia de Dios, se le llamaba *el pan de la proposición,* el pan de su presencia. El pan ha sido siempre históricamente el elemento indicador de la presencia Divina. Leemos en el Antiguo Testamento que el pan de la proposición estaba en el Lugar Santísimo. Es llamado "el Pan de la Presencia". (Números 4:7 NRSV) En términos hebráicos se le interpreta también como "el pan de la elevación" o el "pan de su rostro". Este era, pues, un símbolo de Dios mismo.

Noemí y su familia tenían algo en común con las personas que salen o evitan totalmente nuestras iglesias en el día de hoy: dejan *ese* lugar y van a algún otro sitio para encontrar pan. Yo puedo decirle por qué las personas buscan los bares, los clubes, y los centros esotéricos por millones. Procuran pasar el tiempo; tratan de sobrevivir porque la Iglesia les ha fallado. Ellos miraron, o sus padres y amigos miraron, y dieron su informe: la alacena espiritual estaba vacía. No había presencia de alimento en la despensa; solamente estantes vacíos y oficinas llenas de recetas para hacer pan. Pero el horno estaba frío y empolvado.

Hemos proclamado y publicitado falsamente que hay pan en nuestra casa. Pero cuando los hambrientos llegan, todo lo que pueden hacer es recoger de la alfombra algunas migajas que quedan de los avivamientos del pasado. Hablamos con elocuencia de dónde ha estado Dios y de lo que ha hecho en el pasado pero podemos decir muy poco de lo que está haciendo entre nosotros en el día de hoy. Y la culpa no es de Dios, sino nuestra. Solo nos quedan rezagos de lo que fue. Residuos de su gloria ya ida. E infortunadamente mantenemos un velo de secreto sobre ese hecho, de la misma manera que Moisés mantenía un velo sobre su rostro, después que el brillo de la gloria de

Dios había desaparecido.[2] Camuflamos nuestro vacío, tal
como lo hacían los sacerdotes del tiempo de Jesús, con un
velo detrás del cual no estaba el arca del pacto.

Quizá Dios tenga que "perforar" el velo de nuestra carne para revelar nuestro vacío interior (que es el de la Iglesia) también. Es un problema de orgullo. Señalamos con
orgullo el lugar y el tiempo donde el Señor ha estado (pro-
tegiendo la tradición del templo) mientras negamos la obvia y manifiesta "Gloria" del Hijo de Dios. Los líderes religiosos del tiempo de Jesús en la tierra, no querían que el
pueblo se diera cuenta que no había gloria detrás del velo.
La presencia de Jesús trae problemas. Los religiosos pretenden mantener a Dios en el lugar donde ha estado, a
expensas o en perjuicio de dónde esté ahora.

Pero un hombre que ha tenido una experiencia nunca
está a merced de otro que tan solo tiene un argumento.
"...una cosa sé, que habiendo yo sido ciego, ¡ahora veo! (Ver
Juan 9:25) Si podemos guiar a la gente a la presencia manifiesta de Dios, todas las falsas teologías se derrumbarán
como castillos de naipes.

Todavía nos preguntamos por qué la gente no baja la
cabeza cuando entran en nuestras reuniones o lugares de
adoración. Y clamamos como A.W. Tozer: "¿A dónde se
ha ido el temor de Dios?" La gente no siente la presencia
de Dios en nuestras reuniones, porque ella no es suficiente
para que la registren nuestros manómetros. Esto a la vez
crea otro problema. Cuando se le da a la gente un poquito
de Dios, mezclado con mucho de lo que no es de Dios, es
como si se les vacunara contra Dios. Una vez que han sido
"inoculados" con una migaja de la presencia del Señor,
cuando decimos: "Dios realmente está aquí," ellos dicen:
"No, yo he estado allí, he hecho lo que me dijeron que hiciera, y no lo encontré. Realmente eso no funciona para
mí." El problema es que algo de Dios si estaba allí, pero no
lo suficiente. No hubo una experiencia de encuentro con
él como en el camino a Damasco. No hubo un sentir inne-
gable y abrumador de su manifiesta presencia.

La gente ha venido vez tras vez a la Casa del Pan tan solo para encontrar que sencillamente hay *demasiada presencia humana*, y *muy poca presencia de Dios.* El sentir de la presencia reverencial y manifiesta del Todopoderoso debe ser restaurado en nuestras vidas y en nuestros lugares de adoración. Hablamos mucho de la gloria de Dios cubriendo toda la tierra, pero, ¿cómo es que esa gloria va a manifestarse en las calles de nuestras ciudades, si ni siquiera puede fluir en los pasillos de nuestras iglesias? Ese fluir tiene que comenzar en algún lugar y no va a hacerlo "allá" afuera. ¡Debe comenzar en el templo!, como escribió Ezequiel: "...y ví aguas que salían debajo del umbral de la casa del templo..."(Ezequiel 47:1 NIV)

Si la gloria de Dios no puede fluir por los pasillos de la iglesia a causa de espíritus seducibles y de hombres manipuladores, entonces Dios tendrá que volverse a otro lugar, tal como lo hizo cuando Jesús pasó de largo junto a "la casa del pan" (el templo) en Jerusalén, montado en un asno. Si no hay pan en la casa, entonces no culpo a los hambrientos por no ir allí. ¡Yo tampoco lo haría!

Llega a Moab el rumor de que hay pan

Cuando Belén, la casa del pan, está vacía, la gente se ve forzada a acudir a cualquier otro lugar en busca del pan de vida. El dilema que enfrentan es que las alternativas que el mundo ofrece pueden ser mortales. Tal como Noemí lo descubrió, Moab es un lugar cruel. Moab le robará a sus hijos y los hará morir antes de tiempo; lo separará de su esposo o esposa y le robará su misma vitalidad. Al final, todo lo que le quedó a Noemí fueron dos nueras, a las cuales había conocido solo durante diez años. Sin ninguna posesión y encarando un funesto y sombrío futuro les dijo: "No tienen que andar tras de mí. Ya no tengo más hijos que darles." Pero luego dijo: "Yo he oído un rumor..."[3]

Hay una información, "un secreto" que vuela a través de cada comunidad, de cada aldea, y de cada ciudad en el mundo. Vuela a través de nuestras costas, cruza nuestras montañas, y llega cada lugar habitado. Es el rumor, es "la buena nueva para los hambrientos". Si sólo uno de ellos oye el rumor de que hay de nuevo pan en la Casa del Pan, éste correrá como una carga eléctrica a través de una línea de alta tensión a casi la velocidad de la luz. La noticia de la existencia de pan saltará de una casa a otra, y de un lugar al otro, casi instantáneamente. Usted no tendrá que preocuparse por hacerle publicidad en la T.V., o de promocionarla por los canales usuales. Los hambrientos escucharán. Las nuevas se esparcirán:

"No, no es una farsa. Es difícil de creer pero esta vez no es exageración ni manipulación; no, no es una treta; no son migajas sobre la alfombra. *¡De veras hay pan de nuevo en la Casa del Pan!*"

Contentos con las migajas
sobre la alfombra

Hay mucho más de Dios disponible para nosotros de lo que podemos saber o imaginar, pero hemos estado tan contentos con el lugar donde estamos y con las cosas que tenemos que no nos *esforzamos* por obtener lo mejor de Dios. Sí, Dios se está moviendo en medio nuestro y está obrando en nuestras vidas, pero nos hemos contentado con recoger las migajas de la alfombra, en vez de disfrutar las abundantes porciones de pan que Dios prepara para nosotros en los hornos celestiales Él ha dispuesto una gran mesa de su presencia en el día de hoy, y está llamando a su Iglesia: "Vengan y coman."

Ignoramos los requerimientos del Señor mientras contamos cuidadosamente las rancias migajas del pan añejo. Mientras tanto, millones de personas fuera de las paredes de nuestras iglesias están a punto de morir de hambre. Están hastiados de nuestros humanos programas de auto ayuda y de auto promoción. Estos millones de personas tienen hambre de Dios, no de historias *acerca* de Él. Quieren alimento, pero todo lo que tenemos para darles es un miserable menú, empacado en recipientes plásticos, para proteger las imágenes desvanecidas de los dedos codiciosos de los hambrientos desesperados. Por eso es que vemos a personas sumamente educadas con cristales alrededor de sus cuellos, esperanzadas en lograr contacto con algo sobrenatural que esté por encima de ellos y de su triste existencia. Tanto ricos como pobres acuden a seminarios relumbrones sobre iluminación y paz interior, y engullen ingenuamente cada pizca de la increíble basura que se hace pasar como la última y más brillante revelación del otro mundo.

¿Cómo puede esto ocurrir? Debería avergonzar y producir convicción a la iglesia el ver a tantas personas heridas y dolientes que vuelven sus ojos al esoterismo, a la astrología y al espiritismo, en busca de guía y esperanza para sus vidas. La gente vive tan hambrienta, que gasta millones de dólares en la recién aparecida industria del ocultismo, controlada por falsos adivinos (aún los "mediums" o "canalizadores" genuinos que perforan el oscuro mundo de lo oculto, y los espíritus satánicos más familiares, son cosa rara en este ramillete). Están tan carentes de esperanza, que aceptarán material envasado por mercaderes pagados, como si fuera conocimiento espiritual. *¡Ah la profundidad del hambre espiritual en el mundo!* Hay solo una razón por la cual tantas personas están tan dispuestas a intentar un contacto con el más allá, aún aceptando el engaño: y esta es que no saben dónde encontrar lo real y verdadero. La culpa de tal cosa solo puede residir en un lugar. Esta hora parece haber sido diseñada especialmente para la Iglesia, para que haga prevalecer su presencia.

Ahora bien, tengo que repetir una de las declaraciones más incómodas que el Señor ha estado repitiendo a mi espíritu:

...hay tanto de Dios en la mayoría de los bares como hay en la mayoría de las iglesias.

No es de extrañar, pues, que ni los pecadores, ni los santos, sientan la necesidad de inclinarse cuando entran a un servicio de adoración. No sienten la presencia de nada, ni de nadie, digno de adoración entre nosotros.

De otro lado, si la Iglesia se convirtiera en lo que puede y debe ser, tendríamos apuros para acomodar la demanda de "pan" en la casa. Y cuando la gente entre en nuestras casas de pan, nadie tendría que decirles: "inclinen sus cabezas en oración". Se postrarían sobre sus rostros delante de nuestro Dios sin que nadie diga una sola palabra. Aún los paganos sabrían instintivamente que Dios mismo ha entrado en la casa.[4]

Nos preguntaríamos el uno al otro: "Quién atenderá las llamadas mañana?," sabiendo que las líneas estarán congestionadas por las personas que llaman para decir: "Por favor, ¡háblenme de Dios!" ¿Por qué razón digo esto? Porque cuando la gente paga el exorbitante precio de acudir al esoterismo, tratan realmente de tocar a Dios y de encontrar alivio del dolor que existe en sus vidas. No saben a dónde más acudir. El rey Saúl es un buen ejemplo del transgresor desesperado que está separado del Señor. Cuando no pudo tocar o alcanzar a Dios, dijo: "Entonces encuéntrenme un adivino. ¡Quienquiera que sea! Necesito una palabra de orientación, así tenga que disfrazarme y entrar arrastrándome por la puerta de atrás. Necesito tener acceso al mundo espiritual."[5]

Existe otro problema en el cual Dios está interesado, y que nos reveló el Señor Jesús cuando reprendió a los líderes religiosos de su tiempo en la tierra: "¡Ay de ustedes, maestros de la ley y fariseos hipócritas! Cierran el reino de los cielos en la cara de los hombres. Ni entran ustedes ni permiten entrar a los que están procurando hacerlo." (Mateo 23:13 NIV) Ya es lo suficientemente malo cuando usted rehusa entrar, pero el Señor se molesta mucho más cuando usted se para en la puerta y rehusa permitir la entrada a los demás! Con nuestra ignorancia en cuestiones espirituales y nuestra carencia de hambre, y por la manera en que hacemos las cosas, en sentido figurado, estamos "parados en la puerta" e impedimos la entrada de los hambrientos y perdidos. Al dar solo migajas recogidas en la deshilachada alfombra de la tradición humana, después de ofrecer pan horneado fresco y calientito, hemos dejado a incontables generaciones sin hogar, hambrientas y sin lugar a donde ir, a menos que sea a Moab. Y así, aumenta su cansancio y su fastidio contra el cruel capataz que impone su carga en sus matrimonios, en sus hijos y en sus vidas.

Ahora bien, se oye hoy un rumor de que hay pan otra vez en la Casa de Dios. Esta generación, igual que Rut (y aquí hay un cuadro de los que no son salvos y de los que no tienen iglesia) está a punto de acercarse tímidamente a Noemí (tipo o figura del hijo pródigo) para decirle: "Si has oído que de veras hay pan allá, entonces yo voy contigo. Tu pueblo será mi pueblo, y tu Dios será mi Dios." (Ver Rut 1:16) *Si...*de veras hay pan. Así de maltrecha estaba la reputación de Belén, (la casa del pan) que Orfa no quiso ir. Cuántos como ella "no van" porque la historia que les han contado ha agotado sus energías. Sencillamente no pueden hacer el viaje. ¿Sabe que integrará a la gente instantáneamente al tejido de la iglesia local? Saborear *el pan de su presencia* en ese lugar. Cuando Noemí oyó que había pan nuevamente en Belén, se levantó de su aflicción para regresar hasta allí.

¿Qué le ha ocurrido al pan?

La señal todavía se ve. Todavía llevamos gente a nuestras iglesias y les mostramos los hornos donde se solía hornear el pan. Estos están aún en su lugar y todos los utensilios se encuentran allí todavía. Pero todo lo que pueden recibir son migajas de la visitación de tiempos pasados, y de la última ola de avivamiento de la cual hablaban nuestros predecesores. Ahora estamos reducidos a ser estudiantes superficiales de lo que esperamos experimentar algún día. Yo leo constantemente sobre avivamiento y Dios me impresionó recientemente con el siguiente pensamiento:

"Hijo, tú lees sobre el tema del avivamiento *porque aún no has tenido la experiencia de escribir acerca del mismo.*"

Estoy cansado de leer *sobre* la visitación del pasado. Yo quiero que Dios irrumpa en cualquier momento de mi vida de tal manera que en el futuro mis hijos puedan decir: "*Yo estuve allí.* Yo sé que es cierto". Dios no tiene nietos. Cada generación debe experimentar su presencia. Jamás se planeó que la repetición tome el lugar de la visitación.

Sub-productos del pan en la casa

Cuando el pan de la presencia de Dios es restaurado en la Iglesia, ocurren dos cosas. Noemí era una pródiga que dejó la casa del pan cuando la mesa llegó a estar vacía. Pero cuando oyó que el Señor había restaurado el pan en Belén, regresó rápidamente. *Los pródigos regresarán a Belén* desde Moab cuando sepan que hay pan en la casa, y *no regresarán solos*. Noemí regresó acompañada por Rut, quien jamás había estado allí antes. Los que nunca han sido salvos vendrán. Como resultado Rut llegó a ser parte del linaje Mesiánico de Jesús, cuando se casó con Booz y tuvo un hijo llamado Obed, Que fue padre de Isaí, quien a su vez fue el padre del rey David.[6] Una realeza futura espera nuestras acciones aguijoneadas por el hambre.

El avivamiento, tal como lo conocemos *ahora,* es realmente el "reciclaje" de los salvos en los cuales la Iglesia pretende mantener el fuego encendido. Pero la próxima ola de avivamiento traerá oleadas de personas no salvas a la Casa del Pan: personas que jamás en su vida habían cruzado la puerta de una iglesia. Cuando oigan que realmente hay alimento en la casa se precipitarán por nuestras puertas cuando perciban el aroma del pan caliente saliendo de los hornos celestiales.

A menudo estamos tan llenos y satisfechos con otras cosas que insistimos en "ir pasando" con nuestras migajas del pasado. Estamos contentos con la música tal como está. Estamos felices con nuestras reuniones de "renovación". Pues es tiempo para algo de lo que yo cortésmente he llamado "el descontento divino". ¿Puedo decirlo sin ser condenado? *Yo no estoy contento.* Con esto quiero decir que aunque he participado en lo que algunos llamarían el avivamiento de toda una vida, todavía no me siento contento. ¿Por qué motivo? Porque yo sé lo que *puede* pasar. Que sí puedo alcanzar a Dios. Yo sé que hay muchísimo más de lo que hemos visto o esperado, lo cual se ha convertido en una santa obsesión. Yo deseo a Dios. Yo quiero mucho más de él.

La clave parece ser "menos de mí"

La táctica de Satanás ha sido mantenernos tan llenos de comida sin valor, que no tenemos hambre de Dios. Y esto le ha dado maravillosos resultados durante los siglos. El enemigo nos ha acostumbrado a sobrevivir en una prosperidad terrena, y asusbsistir como mendigos espirituales, de tal manera que justamente una migaja de la presencia del Señor nos satisface. Pero hay muchos que ya no se contentan con migajas. Desean al Señor y nada menos los podrá satisfacer. Una porción completa de pan. Las falsificaciones ya no los satisface ni les interesa. Ellos quieren tener el *elemento real.* Sin embargo, la mayoría de nosotros nos mantenemos tan atiborrados de "comida chatarra" para el alma, y de diversiones para la carne, que no sabemos lo que es estar realmente hambrientos.

¿Ha visto alguna vez personas realmente hambrientas? Quiero decir gente *hambrienta de veras.* Si usted pudiera ir conmigo en un viaje de ministración a Etiopía, o viajar a una tierra azotada por el hambre, podría ver lo que ocurre cuando se distribuye sacos de arroz entre gente *realmente hambrienta.* Llegan de todas partes en cuestión de segundos. La mayoría de nosotros comemos antes de ir a los servicios en las iglesias, por lo tanto la vista de un pan en el altar de la iglesia no nos hace ningún efecto. Pero cuando el Señor me dijo una mañana que predicara sobre el tema del pan, me dijo también: "Hijo, si ellos tuvieran hambre física, *actuarían diferente."* (Es interesante que un intercesor se sintió inclinado a hornear pan esa mañana, y el pastor se sintió guiado a ubicarlo en el altar.) Nació ese día un hambre inducida por el cielo, por el pan de la presencia de Dios. Ese pan ha producido sanidad, restauración, y hambre de un avivamiento mundial.

La Biblia dice en relación con el Reino de los Cielos que "...los valientes lo arrebatan." (Mateo 11:12) Por alguna razón, ese no parece ser nuestro caso, ¿verdad? Nuestro comportamiento llega a ser tan "beatificado" que tenemos nuestras propias maneras de "rectitud política" y de educada etiqueta. Puesto que no queremos ser demasiado radicales, ordenamos todas las sillas en hermosas filas alineadas, y esperamos que nuestros servicios se ajusten a delineamientos igual de rectos. Necesitamos con desesperación desarrollar hambre de Dios de tal modo *¡que literalmente olvidemos nuestras buenas maneras!* La diferencia más notable entre la adoración litúrgica y la adoración "carismática" es que la primera sigue un programa impreso y el programa de la otra es de memoria. ¡En uno de los dos se sabe aún el momento en que Dios hablará proféticamente!

Todos los personajes del Nuevo Testamento que olvidaron sus "buenas maneras" en beneficio de la adoración al Señor, recibieron algo de él. No hablo de la rudeza por sí misma; estoy hablando de la rusticidad nacida de la desesperación. ¿Qué, por ejemplo de la mujer desesperada con un problema de hemorragia incurable que se abrió paso entre la multitud, a codazos y empujones, hasta llegar a tocar el borde del manto del Señor?[7] ¿Qué decir de la impertinente mujer Cananea quien se mantuvo en actitud suplicante ante Jesús rogándole que sanara a su hija endemoniada? (Mateo 15:22-28) Aun cuando Jesús la afrentó y le dijo: "No está bien tomar el pan de los hijos y echarlo a los perrillos," (versículo 26b) ella fue persistente. Y ella fue tan ruda, tan abrupta, tan presionadora (o sencillamente estaba tan *desesperada y hambrienta* de pan) que respondió: "Sí Señor, pero aún los perrillos comen de las migajas que caen de la mesa de sus señores." (Mateo 15:27)

De otro lado, la mayoría de nosotros acude al pastor y le dice: "¡Ah, pastor! ¿...podría... quisiera... orar por mí... y bendecirme? Y si en realidad no pasa nada, nos encogemos de hombros y decimos: "Bueno, me iré a comer o a descansar," o nos vamos a casa para aplacar el "hombre interior" con comida y entretenimiento carnal.

Con toda honestidad, yo espero que Dios agarre a los hombres y a las mujeres de su Iglesia y los haga tan obsesionados con el pan de su presencia, que ya no puedan detenerse. Una vez que esto ocurra, ya no querrán solo un toquecito de "bendíceme Señor". Querrán que Dios se manifieste en ese lugar, no importa cuánto cueste o lo incómodos que se puedan sentir. Eso podrá parecer como algo tosco, pero a ellos ya no les importará la opinión de los demás; solo la de Dios. Con exactitud podemos decir que la Iglesia a lo ancho y lo largo no tiene lugar para personas así.

Uno de los primeros pasos hacia el avivamiento real es reconocer que usted se encuentra en un estado de retroceso y declinación. No es tarea fácil decir eso en medio de nuestra supuesta prosperidad, pero necesitamos decirlo: "Vamos en declive; no estamos en el mejor de los momentos." Irónicamente nos encontramos en la rara situación de concordar con el argumento de la obra *Un Relato de Dos Ciudades,* por el escritor Charles Dickens: "Era el mejor, y el peor de los tiempos."[8]

Este podrá ser el mejor de los tiempos en materia económica, pero los vientos de prosperidad espiritual no corren por toda la Iglesia. ¿Cuánto hace que su sombra sanó a alguien? ¿Cuál fue la última vez que su sola presencia en un recinto hizo que alguien dijera: "Tengo que arreglar mi vida delante de Dios"? ¿Dónde están los Finney y los Wigglesworth de hoy? Porque estas cosas acontecían en sus vidas.

Conozco a un pastor en Etiopía, que cuando ministraba

en un servicio, algunos hombres del gobierno comunista lo interrumpieron diciendo: "Estamos aquí para impedir que continúe con su iglesia." Ellos ya habían hecho todo lo posible para lograrlo pero no habían tenido éxito, así que ese día agarraron a su hijita de tan solo tres años de edad y la tiraron por una ventana desde el segundo piso, mientras la gente presenciaba lo que hacían. Los comunistas pensaron que eso detendría el servicio, pero la esposa del pastor bajó, y abrigando con sus brazos el cuerpo de su bebita muerta regresó a su asiento en la primera fila, y la adoración continuó. Como resultado de esta actitud de humildad y fidelidad por parte del pastor, 400.000 devotos creyentes hacen osada presencia en sus conferencias Bíblicas en Etiopía.

En una ocasión mi padre, líder nacional de una denominación Pentecostal en los Estados Unidos de América, estaba conversando con este pastor etíope. Mi padre sabía que vivía en tremenda pobreza en su país, y cometió un error tratando de mostrar lo que en su opinión era un poquito de simpatía. Le dijo al pastor etíope: "Hermano, nosotros oramos por usted y su pobreza."

Este hombre humilde miró a mi padre y le dijo: "No, usted no comprende hermano. *Nosotros oramos por ustedes y su prosperidad.*" Eso desconcertó a mi padre, pero el pastor le explicó: "Nosotros oramos por ustedes los Americanos porque es mucho más difícil para ustedes vivir de la manera que Dios quiere que vivan, en medio de su prosperidad, que para nosotros en medio de nuestra pobreza."

El gran truco que el enemigo ha utilizado para robar su vitalidad a la Iglesia de los Estados Unidos ha sido "el caramelo de la prosperidad." Yo no estoy en contra de la prosperidad. Sea tan próspero como desea serlo, pero busque a Dios en vez de buscar la prosperidad como fin. Verá, es muy fácil comenzar procurando alcanzar a Dios ¡y terminar tratando de alcanzar cualquier otra cosa![9] No haga usted tal cosa. Procure alcanzar a Dios, y punto.

¿Qué ocurriría si Dios se manifestara *realmente* en su Iglesia?

Si Dios mostrara de veras su "rostro" en su iglesia, puedo asegurarle que "el rumor de los hambrientos" en su ciudad o región se esparcirá de la noche a la mañana. Antes de que usted pueda reforzar las puertas abiertas el día siguiente, los hambrientos vendrán y harán fila a la espera de recibir pan fresco. ¿Por qué no vemos esa clase de respuesta ahora? Los hambrientos se han "quemado." Tan pronto como la más pequeña gota de la presencia de Dios fluye en medio de nuestros servicios, queremos decirle a todo el mundo: "Un río de la unción de Dios ha brotado en nuestro medio."

Infortunadamente, la mayoría de las veces gritamos: "¡Dios está aquí!, y la gente con hambre llega y solo encuentra que hemos exagerado y manipulado los hechos, promocionarnos más de la cuenta nuestro producto. Falseamos la verdad al describir cada gota de la unción de Dios como un río y, para su consternación, el único río que han hallado entre nosotros es un río de palabras. ¡Incluso, a veces construimos magníficos puentes sobre cauces secos!

No podemos esperar que los perdidos y los que sufren corran a nuestro "río" y descubran que escasamente hay para ellos un solo sorbo del vaso de Dios. Les hemos dicho: "Dios en realidad está aquí; hay alimento en la mesa," pero cada vez que han creído nuestro informe, se han visto obligados a agacharse sobre la alfombra a recoger sólo migajas del prometido banquete. *Nuestro pasado se ha hecho más importante que nuestro presente.*

No tenéis porque...

En comparación con lo que Dios *quiere hacer,* ¡raspamos apenas la alfombra en busca de las sobras, cuando el Señor tiene panes grandes, frescos y calientes horneados en los cielos! Él no es el Dios de la escasez y de las migajas.

Él espera proveer interminables porciones de su presencia dispensadora de vida, pero nuestro problema fue descrito hace ya mucho tiempo por el Apóstol Santiago: "...no tenéis porque no pedís." (Santiago 4:2) El Salmista David eleva su canto a través de los siglos y dice "...su descendencia no mendigará pan." (Salmo 37:25)

Necesitamos comprender que lo que tenemos, donde estamos, y lo que hacemos, es *pequeño,* comparado con lo que Dios quiere hacer en y a través de nosotros. El joven Samuel fue un profeta en una generación de transición muy parecida a la nuestra. La Biblia nos dice que en tiempos de la edad temprana de Samuel, "...la Palabra de Jehová escaseaba en aquellos días; no había visión con frecuencia." (1º de Samuel 3:1)

Una noche Elí, el anciano sacerdote, se fue a su cama, y por ese tiempo su visión se había deteriorado tanto que ya difícilmente podía ver. Parte de nuestro problema en la historia de la Iglesia es que nuestra visión se ha vuelto borrosa y no podemos ver como deberíamos. Hemos estado satisfechos con los procedimientos eclesiásticos y con la rutina normal. Continuamos con la misma película, encendemos las lámparas, vamos de un cuarto empolvado al otro, como si Dios todavía nos hablara. Pero cuándo Él nos habla de veras, creemos que la gente está soñando. Cuando de veras aparece, los ojos empañados no pueden verlo. Cuando él realmente se mueve, estamos renuentes a aceptarlo por temor a "encontrarnos con algo que no nos es familiar" en nuestra oscuridad. Hay frustración cuando Dios "nos mueve la silla." Como se le dijo a Samuel en el pasado, les decimos a los jóvenes de hoy: "Vete de nuevo a dormir. Sigue haciendo las cosas de la manera que te hemos enseñado, Samuel. Todo está bien; siempre ha sido así."

¡No; no siempre han sido así las cosas! Y yo no estoy satisfecho con que sean de esta manera: ¡*Yo quiero más!* Yo no sé cómo lo verá usted. Pero cada silla vacía que veo en los templos me habla a gritos: "¡Yo podría estar ocupa-

da por un antiguo ciudadano de Moab! ¿Puedes ubicar una
persona en mi lugar?" Yo no sé cómo se sentirá usted, pero
eso alimenta mi frustración y mi descontento espiritual.

> ...y antes que **la lámpara de Dios fuese apaga-
> da**, Jehová llamó a Samuel; y él respondió: Heme
> aquí. (1º de Samuel 3:3,4)

La lámpara de Dios estaba débil y a punto de apagarse
pero eso no preocupó a Elí. (Él vivía en un estado permanente de semi-oscuridad.) El joven Samuel pensó: "Yo escuché algo." Es tiempo de que admitamos que la lámpara
de Dios está débil. Sí, todavía alumbra, pero las cosas no
son como deberían ser. Miramos esta llamita vacilante que
arroja su escasa luz aquí y allá y decimos: "¡Ah, eso es avivamiento!" Podrá serlo para el puñado que está cerca de
ella y puede mirarla, pero ¿qué pasa con los que están a
distancia? ¿Qué hay de los perdidos que nunca leen nuestras revistas, ni miran nuestros programas en la televisión, ni escuchan los últimos casetes? Necesitamos que la
luz de la gloria de Dios brille lo suficiente como para ser
vista a distancia. En otras palabras, ¡es tiempo de que la
Gloria de Dios, su lámpara Divina, arroje su luz fuera del
"barril" de la Iglesia, para iluminar nuestras ciudades![10]

Yo creo que Dios está a punto de enviar "el espíritu que
abre caminos"(Miqueas 2:13) para abrir los cielos y que
todos puedan comer y alimentarse de la mesa del Señor.
Pero antes de que los cielos se abran, las fuentes profundas deben abrirse.[11] ¡Es tiempo de que alguna iglesia, en
algún lugar, olvide aquello de ser "políticamente correcta"
y abra los cielos para que el maná caiga y comience a ali-
mentar a los hambrientos espirituales de la ciudad! Es
tiempo de que con hambriento esfuerzo abramos un hueco
en los cielos, a través del cual pueda empezar a brillar la
Gloria de Dios sobre nuestra ciudad. Pero si no podemos
hacer fluir jamás siquiera una gota en los pasillos de las
iglesias, mucho menos podremos ver su gloria fluyendo en
nuestras calles, *si no estamos realmente hambrientos*. Somos como los creyentes de Laodicea, llenos y satisfechos.

> *Padre, te ruego que un espíritu de valentía espi-*
> *ritual tome nuestros corazones; que nos convier-*
> *tas en guerreros de adoración. Te pido que no ceje-*
> *mos hasta haber traspasado los cielos, hasta que*
> *haya allí una hendidura y veamos los cielos abrir-*
> *se. Nuestras ciudades y nuestra nación te necesi-*
> *tan, Señor. Nosotros te necesitamos. Estamos can-*
> *sados de hurgar en la alfombra recogiendo miga-*
> *jas. Envíanos tu pan fresco celestial. Envíanos el*
> *maná de tu presencia...*

No importa lo que usted piense que necesita o qué cosas cree que le hacen falta. Lo que usted *realmente* necesita es a Dios. Y la forma de alcanzarlo es desearlo, estar hambriento de él. Yo oro para que él estimule en usted *hambre espiritual* porque eso lo habilitará para recibir la promesa de la plenitud de la cual habló el Señor Jesús cuando dijo: "Bienaventurados los que tienen hambre y sed de justicia, porque ellos serán saciados."(Mateo 5:6)

Si tenemos hambre de él, entonces él nos puede hacer santos. Él puede colocar todas las piezas de nuestra vida rota, en su sitio correcto. Pero el hambre nuestra es la clave. Así, cuando se encuentre escarbando en busca de sobras en la alfombra, en la Casa del Pan, debería orar: "Señor, suscita en mí un hambre ardiente por ti."

Notas Finales:

1. Belén de Judá es el nombre completo de la ciudad, algo así como, Atlanta, Georgia. Judá se refiere a la tierra de la tribu de Judá.

2. Ver 2ª de Corintios 3:13 NIV

3. Ver Rut 1:6

4. Ver 1ª de Corintios 14:25 NAS

5. Ver 1º de Samuel 28:7

6. Ver Rut 4:17

7. Ver Mateo 9:20-22

8. Charles Dickens, *A Tale of Two Cities* (Un relato de dos ciudades) capítulo 1.

9. Cuando digo "alcanzar a Dios" me refiero a nuestra búsqueda de Él como primer objetivo y la razón de ser *después de la salvación*. No implica que somos salvos por nuestras obras. La salvación es un hecho de gracia solamente mediante la obra de Jesucristo en la cruz y su resurrección de los muertos. Aunque esto será obvio para la mayoría de lectores, creo oportuno incluir esta importante declaración para todos aquellos que tengan sus dudas... Recomiendo muy de veras la lectura del libro de A.W. Tozer *The Pursuit of God* (La búsqueda de Dios)

10. Ver Mateo 5:15

11. Ver Génesis 1:8; 7:11

Capítulo 3

Tiene que haber más

*Redescubriendo la manifiesta
presencia de Dios*

Yo no sé cuál será su sentir mi querido amigo pero hay una pasión compulsiva en mi corazón que me dice al oído que hay más de lo que yo ya conozco, más de lo que yo ya tengo. Esto me hace estar celoso del Apóstol Juan quien escribió el Apocalipsis. Me causan envidia las personas que, trascendiendo *este* mundo, han logrado vislumbres de *otro* mundo y de *otros* ámbitos, y ven cosas acerca de las cuales yo apenas alcanzo a soñar. Yo sé que sí hay más. Y una de las razones por las cuales lo sé, son las personas que lograron ese "más" y nunca volvieron a ser los mismos de antes. ¡Procuradores de la presencia de Dios! Mi oración a Dios es: *¡Yo te quiero ver tal como Juan te vio!*

A través de toda mi lectura y estudio de la Biblia, jamás encontré a ninguna persona que la Escritura mencione que haya tenido un "encuentro real con Dios" y luego se haya "apartado" y rebelado contra él. Una vez que usted ha experimentado al Señor en su gloria, no puede darle la espalda, ni olvidarse de su toque Divino. Ya no es un argu-

mento o una doctrina, sino una *experiencia*. Por eso es que
el Apóstol Pablo decía: "Yo sé en *quién* he creído..." (2ª de
Timoteo 1:12) Infortunadamente muchas personas en la
Iglesia dicen: "Yo sé *acerca* de quien he creído." Eso significa que no lo han conocido en su gloria.

Una razón por la cual la gente *sale* de las iglesias por la
puerta trasera, tan rápido como entra por la puerta principal, es porque ha tenido más un "encuentro con el hombre" y con nuestros programas, que un "verdadero encuentro con Dios," con la inolvidable majestad y el poder del
Todopoderoso. Lo que se necesita es experiencias como la
del "camino a Damasco," como el encuentro de Saulo con
Dios mismo.[1]

Esto habla con claridad de la diferencia entre la *Omnipresencia*, y la *presencia manifiesta* de Dios. La frase "omnipresencia de Dios" se refiere al hecho de que Él está en
todas partes, en todo momento. Él es esa "partícula" en el
núcleo atómico que los físicos nucleares no pueden ver, sino
tan solo rastrear. El evangelio de Juan menciona está cua-
lidad cuando dice: "...y sin él nada de lo que ha sido hecho,
fue hecho."(Juan 1:3b) Dios está en todo lugar y en todas
las cosas. Él es el componente de todo: tanto de la sustancia que aglutina las partes del universo, como de esas partes en sí. Esto explica porqué una persona puede sentarse
en el banquillo de un bar en estado de ebriedad, y de repente sentir la convicción del Espíritu Santo, sin el beneficio de un predicador, de la música o de cualquiera otra influencia cristiana. Dios está allí en el bar con ella, y la ale-
targante capacidad del alcohol de disminuir las inhibicio-
nes, también elimina su inhibición hacia Dios.
Infortunadamente en ese momento, no es siempre una
"elección" de su voluntad la que la mueve a acercarse a
Dios, sino más bien el hambre de su corazón. Su "mente"
está adormecida, pero su corazón está hambriento. Cuando su "mente" se recupera para descubrir que su voluntad
no ha sido quebrantada, a menudo retrocede por cuanto
no ha sido un encuentro válido. Un corazón hambriento

dentro de un hombre con una mente no dispuesta y una voluntad sin quebrantar (no sometida) es equivalente a la miseria misma.

Ahora bien, si Dios puede hacer esto en el recinto de una cantina, ¿por qué habríamos de sorprendernos por todas las demás cosas que puede hacer "por sí mismo"? (La mayoría de los creyentes que no tenían un trasfondo religioso, le dirán que la primera vez que sintieron una punzada de convicción de parte de Dios fue en cualquier lugar o ambiente *diferente* a un servicio religioso.) Todos estos ejemplos ilustran los efectos de la omnipresencia de Dios, su atributo de estar presente simultáneamente en todo lugar y en todo momento.

La presencia *manifiesta* de Dios

Pero, aunque Dios está presente en forma simultánea en todo lugar y en todo momento, también hay ocasiones cuando *concentra* la esencia misma de su ser en lo que muchos llaman "la manifiesta presencia de Dios." Cuando esto ocurre hay una fuerte sensación y conciencia de que Dios mismo "ha entrado al recinto." Se podría decir que aunque ciertamente él está en todas partes, a toda hora, existen también períodos específicos de tiempo cuando está *más* aquí que *allá*. Por una razón Divina Dios elige concentrar su presencia o revelarse a sí mismo con mayor intensidad en un lugar que en otro, y en un tiempo más que en otro cualquiera.

Esta idea o concepto quizá incomode su teología. Quizá piense: *"Un momento, Dios siempre está aquí. Él es omnipresente.* Eso es cierto, pero ¿por qué entonces dice él: "Si se humillare mi pueblo, sobre el cual mi nombre es invocado, y oraren, y buscaren mi *rostro...?"* (Ver 2º de Crónicas 7:14) Si ellos ya son su pueblo, ¿qué otro nivel de Él deben "buscar"? ¡Buscar su rostro! ¿Por qué? Porque su *favor* fluye dondequiera que se dirige su *rostro*. Usted puede ser un hijo de Dios y no tener su favor, así como un hijo terrenal o humano puede no gozar de favor, aunque sigue siendo hijo. Hay una frase en este versículo particularmente interesante. Dios dijo a su pueblo para todas las generaciones que si busca su rostro, y se convierten de "sus malos caminos," Él escuchará y sanará su tierra. ¿Cómo pueden ser el pueblo de Dios y andar en malos caminos? Tal vez nuestros "malos caminos" explican porqué estamos satisfechos de andar en vecindad con Él, en vez de contemplar fijamente su rostro. Lo único que volverá el enfoque y el favor de Dios hacia nosotros es nuestra hambre de Él. Debemos arrepentirnos, alcanzar su rostro y orar: "Padre Dios, míranos y te miraremos."

Guiados por el ojo de Dios

Con demasiada frecuencia el pueblo de Dios es guiado sólo por su Palabra escrita o por palabra profética. La Biblia dice que Él quiere que vayamos más allá, a un mayor grado de ternura y de devoción hacia él hasta alcanzar una madurez más profunda que le permita "guiarnos con su ojo" (Ver Salmo 32:8-9) En la clase de hogar en el cual yo fui criado, mi madre o mi padre, con sólo darme una mirada, lograban su propósito. Si me pasaba de la raya en mis necedades infantiles, no tenían que decir una palabra. Sólo con una mirada a sus ojos me daban la guía y dirección que necesitaba. ¿Todavía *necesita* usted oír una voz de trueno detrás del púlpito? ¿O una penetrante palabra profética para enderezar sus caminos? ¿O es capaz de leer las emociones de Dios en su *rostro?* ¿Tiene un corazón blando y tierno, tanto que la mirada de Dios puede guiarlo y hacerle sentir convicción de pecado? Cuando él mira su camino, ¿está dispuesto a decir: "No puedo hacer eso; no puedo decir tal cosa, o ir a ese lugar, porque desagradaría a mi Padre"? La mirada de Jesús produjo convicción de pecado en Pedro. Y como si fuera música escuchada en el altar, el canto de un gallo conmovió hasta las lágrimas su tierno corazón.

Dios está en todo lugar, pero *no dirige su rostro y su favor a todo lugar.* Por eso nos dice que busquemos su rostro. Sí; él está con usted en toda ocasión en que se reúne con otros creyentes en un servicio de adoración. Pero, ¿cuánto hace que su hambre de Dios lo hizo buscar el abrigo de su regazo y como un niño alcanzar su rostro y lograr que él se volviera hacia usted? ¡Intimidad con él! Eso es lo que Dios desea de nosotros, y su rostro debe ser nuestro máximo objetivo.

Los israelitas se referían a la manifiesta presencia de Dios como la Gloria *shekina*. Cuando David habló de traer el arca del pacto otra vez a Jerusalén, no estaba interesado en el cofre cubierto de oro, con los utensilios que contenía. Su interés era la amada presencia que cubría el espacio entre las alas extendidas del querubín que estaba en su parte superior. Eso era lo que él quería porque había algo especial en ella que significaba que Dios mismo estaba presente. Y dondequiera que esa Gloria o presencia manifiesta de Dios iba, había victoria, poder y bendición. La intimidad con Dios siempre nos traerá su "bendición," pero la búsqueda de la "bendición" no siempre nos traerá la intimidad.

El motivo de nuestro clamor es una restauración de la presencia manifiesta del Señor. Cuando Moisés estaba expuesto a la Gloria de Dios, el residuo de esa Gloria hacía su rostro tan resplandeciente que cuando bajó del monte el pueblo dijo: "Moisés, cubre tu rostro. No podemos soportar mirarte así." (ver Éxodo 34:29-35) Cuando alguien o algo es expuesto a la manifiesta presencia del Señor, comienza a absorber la esencia misma de Dios. ¿Se imagina cómo sería en el Lugar Santísimo? ¿Cuánto de la gloria de Dios fue absorbida por las pieles de tejón, por el velo y el arca misma?

El legado de un lugar donde Dios permanece

Cuando Dios se manifiesta entre la gente o visita un lugar, comienzan a ocurrir cosas sólo porque él está allí. Si no lo cree, pregúnteselo a Jacob. Miremos en particular

aquel viaje en huída de sus problemas. En un determinado
momento Dios le dijo que regresara a "Betel," que significa "casa de Dios" y él le dijo a los miembros de su familia:
"*Si podemos regresar a Betel* construiré un altar a Dios y
todo estará bien." (Génesis 35:1-3) Jacob sabía que la presencia de Dios habitaba en Betel.

Es interesante leer lo que ocurrió cuando Jacob y su
familia hicieron ese viaje a Betel: "Y salieron, *y el terror de
Dios* estuvo sobre las ciudades que había en sus alrededores, y no persiguieron a los hijos de Jacob." (Génesis 35:5)
La palabra Hebrea "terror" proviene de una raíz que significa "postrarse, abatirse, ya sea por violencia o por con-
fusión y *temor.*"[2] Si queremos que "el temor del Señor"
vuelva al mundo, entonces la Iglesia debe regresar a Betel,
el lugar de su manifiesta presencia.

Tropezando con la nube

La presencia manifiesta de Dios a menudo permanece
en un lugar, aunque no haya nadie a su alrededor. Recuerdo el día cuando un miembro de la junta de una iglesia que
el Señor había invadido cruzó la plataforma en el santuario un día de mitad de semana. No regresó. Tres horas más
tarde alguien notó que no estaba y fue a buscarlo. Había
penumbra en el santuario y cuando se encendieron las lu-
ces, allí estaba el hombre postrado en la plataforma donde
había caído después de tropezar con la nube de la presencia de Dios.

Hay ocasiones cuando una nube de la presencia de Dios
aparece repentinamente, porque su pueblo entra en adoración. Entonces las cosas se tornan impresionantes. Bien
puede ser la bruma de la Gloria de Dios que comienza a
volverse densa ante nuestros ojos. Yo no tengo una clara
comprensión de ella, pero le cuento que ha ocurrido.

Uno de los pastores en esta iglesia a la cual me refiero,
tenía un cuñado que era ateo. De hecho no era ateo en
realidad sino un "incrédulo del Evangelio." Este cuñado
era el tipo de persona a quien uno quiere evitar en las re-

uniones familiares porque siempre causa problemas y promueve discusiones. En medio de la invasión de esta iglesia que menciono, este hombre llamó a su hermana, la esposa del pastor, y le dijo: "Mira, salgo en un vuelo para allá. ¿Me pueden recoger en el aeropuerto? Quiero pasar un par de días con ustedes."

El pastor supo que algo ocurriría porque su cuñado nunca había hecho esto antes. Cuando llegó era obvio que no tenía idea de qué estaba haciendo allí. Esto precisamente era lo extraño. Trataban de hacer tema de conversación sin tener nada en común entre ellos. Al principio hablaron del estado del tiempo y luego se sumieron en un largo silencio dentro del vehículo en el cual regresaban del aeropuerto. Cuando pasaron por la iglesia el pastor dijo: "Esa es nuestra iglesia. Acabamos de finalizar su remodelación."

Como su pariente nunca la había visto antes, pensó que era otro pretexto para romper el hielo en ese momento de silencio, y el pastor dijo: "Tú no quieres entrar a verla, ¿no es cierto?"

Para su enorme sorpresa su incrédulo cuñado dijo que sí entraría.

"¡Yo no estoy preparado para esto!"

Entraron al parqueadero y luego el pastor abrió la puerta del templo. Su cuñado le seguía y también su esposa. El pastor entró y mantuvo la puerta abierta para que entrara. Y en el momento en que este hombre puso su pie al otro lado del umbral del templo, se volvió un ovillo y comenzó a llorar y a exclamar: "¡Dios mío, ayúdame! Yo no estoy preparado para esto. Yo no sé cómo hacerlo! ¿Qué voy a hacer yo?"

Entonces agarró al pastor y le dijo: "Dígame cómo ser salvo *¡ahora mismo!*" Todo el tiempo estuvo retorciéndose en el piso y llorando incontrolablemente. Entonces, este pastor guió a su cuñado a aceptar al Señor echado allí en el piso, con su cuerpo mitad adentro y mitad afuera del templo, mientras su esposa mantenía con paciencia la puerta abierta. Su incrédulo hermano había tenido un encuentro con el "remanente" de la presencia latente de la gloria de Dios.

Tan pronto como recuperó un poquito de coherencia le preguntaron: "¿Qué te ocurrió?" Él respondió: "Yo no sé cómo explicarlo. Todo lo que sé es que cuando estaba afuera del edificio era un ateo, no creía en la existencia de Dios. Pero cuando crucé el umbral *lo encontré allí,* y supe que era Dios. Me sentí horrible en relación con mi vida, y supe que tenía que *arreglar mi situación con Él.*" Luego añadió: "Me quedé absolutamente sin fuerzas."

¿Qué podría ocurrir en una ciudad o en una región si esta fuerza de su "presencia" se expandiera más allá de la edificación de la iglesia?

La unción y la Gloria

Cuando la unción de Dios reposa sobre la naturaleza humana, hace fluir en ella lo mejor. Uno de los cuadros más claros que encontramos en la Biblia en cuanto a la unción y su propósito, está en el libro de Ester. Cuando Ester se preparaba para su presentación ante el rey de Persia, se le sometió a un año de purificación durante el cual fue repetidas veces bañada con una unción fragante y perfumada (como una ironía, utilizaban los mismos ingredientes presentes en la adoración de los Hebreos: incienso y aceite de unción). *¡Un año de preparación para una noche con el rey!* Un beneficio lógico de todos estos baños con perfumes era que cada hombre que se le acercara, dijera o pensara: "¡Qué fragancia... qué aroma...qué bien hueles! Sin embargo, Ester no les dio tanta importancia por la misma razón que usted y yo jamás permitiríamos que la opinión y aprobación de los demás nos distrajera:

**El propósito de la unción no es
lograr la simpatía humana, sino la del Rey.**

Es mucho más importante la aprobación del Rey que la de la gente. El rey David fue ungido por Dios mucho antes de ser ungido por el hombre. Buscó la aprobación de Dios más que la aprobación humana. ¡Él buscó a Dios hasta alcanzarlo!

Hemos prostituido demasiado la unción de Dios. Nos preparamos para Él y nos empapamos de su preciosa fragancia y luego, todo lo que hacemos es un espectáculo para la gente. Nunca llegamos a la recámara del Rey pues en el camino terminamos flirteando con otros, seducidos por ellos, nos convertimos así en amantes baratos. Es necesario que recordemos que nuestro Rey no aceptará "productos sucios o manchados." Solamente las vírgenes pueden entrar a su recámara. Digo que prostituímos la unción del Señor en el sentido en que consideramos: "¡Que buena predicación!" o "¡Que hermosa interpretación!" y le damos al hombre la gloria y la atención (o la buscamos de él). Procuramos agradar a la carne, buscamos la complacencia humana. Aun nuestros servicios están estructurados para complacer a la gente. La unción produce en realidad una cantidad de cosas buenas en nuestra vida y rompe el yugo de la opresión. Pero éstas son sólo un subproducto. Es algo así como cuando yo me aplico colonia para agradar a mi esposa. El subproducto es que yo huelo bien a todo el mundo, pero el verdadero propósito al aplicármela es, en forma primordial, ella, y no los demás. El problema con la unción surge cuando la utilizamos para impresionar y para "flirtear" unos con otros. Pasamos por alto su propósito primario de encubrir el ofensivo humor de nuestra propia carne.

Cuando Ester entró a la "recámara de las mujeres" del rey, recibió aceites y jabones para su purificación. Este saturante proceso estaba diseñado para convertir una chica campesina en una princesa. Repito que el verdadero propósito de la unción no es hacer una buena impresión, parecer bien, u oler bien a la gente. Estos son sólo sus subproductos, pero el propósito real es merecernos su favor en la recámara del Rey. Nuestra carne tiene un humor fuerte ante el Rey, y la unción nos hace aceptables ante él.

¡Es de Dios el proceso de convertir campesinas en princesas y novias potenciales en esposas!

La unción nos permite adorar o predicar mejor, pero necesitamos recordar que ella, ya sea que venga a nosotros individualmente o en forma colectiva, no es el fin en sí misma, sino el comienzo. Algunos pueden prostituír la unción "danzando frente al velo" de la presencia de Dios, sin darse cuenta que el propósito integral es prepararlos para *entrar,* para traspasar el velo y penetrar en su Gloria. La recámara del Rey, el Lugar Santísimo, espera a los ungidos. El aceite de la unción era derramado sobre todas las cosas en el Lugar Santísimo, *incluyendo las vestiduras del sacerdote.* Luego tomaban "perfume en polvo" para ungir el ambiente.

> *Después tomará* (Aarón y sus sucesores) *un incensario lleno de brasas de fuego del altar de delante de Jehová, y sus puños llenos del perfume aromático molido, y lo llevará detrás del velo.*
>
> *Y pondrá el perfume sobre el fuego delante de Jehová,* **y la nube del perfume cubrirá el propiciatorio** *que está sobre el testimonio,* **para que no muera.** (Levítico 16:12,13)

Bajo las ordenanzas del Antiguo Testamento, la última cosa que el sumo Sacerdote hacía antes de entrar al Lugar Santísimo, era ubicar un puñado de incienso, (símbolo de la unción) en un incensario y meter sus manos y el incensario a través del velo para producir una densa cortina de humo. ¿Para qué? Para "...cubrir el propiciatorio, para que (el Sumo Sacerdote) no muriera." (Levítico 16:13b) El sacerdote tenía que provocar humo suficiente para camuflar o esconder su carne de la presencia de Dios.

La unción habla de la acción del hombre en la adoración. Era la adoración ungida la que llenaba el Lugar Santísimo con humo y hacía posible que un hombre pudiese estar en la presencia de Dios en un lugar encubierto y vivir. En otras ocasiones en el Antiguo Testamento, Dios salió del Lugar Santísimo e hizo su propia nube encubridora para que el hombre no lo viera y pereciera. Bajo las leyes del Antiguo Pacto, basado en la sangre de los toros y de los machos cabríos, el sacerdote humano tenía que provocar tanto humo encubridor, de tal forma que todo lo que hacía en el Lugar Santísimo debía hacerlo a tientas y sin mirar. Nosotros los creyentes, ¡caminamos por "fe" y no por vista! *Señor, yo sé que tú estás aquí, en algún lugar.*

Danzamos frente al velo y rehusamos entrar

La Palabra de Dios nos dice que el velo que separaba el lugar santo del Lugar Santísimo en el templo, fue roto o rasgado por la muerte de Jesús en el Calvario y que, a partir de entonces, tenemos entrada libre a la presencia de Dios mediante la sangre de Jesús. Pero no entramos. En ocasiones, alguien cae o tropieza en su camino con el velo durante nuestras sesiones de danza, y regresa luego con mirada fija y extraviada. Por lo general regresamos a nuestra danza acostumbrada frente al velo. Nos entusiasmamos mucho con la posibilidad de entrar, pero en realidad jamás consumamos todo el proceso. *El propósito de la unción es ayudarnos a hacer la transición de la carne a la Gloria.* Una razón por la cual nos gusta permanecer en la unción es que hace que la carne se sienta bien. De otro lado, cuando la *Gloria* de Dios se manifiesta, la carne no se siente muy cómoda.

Cuando la Gloria de Dios se manifiesta nos sentimos como se sintió el profeta Isaías. Nuestra carne se debilita por su presencia de modo que llega a ser innecesario que el ser humano haga cualquier otra cosa que no sea contemplarlo en su Gloria. Yo he llegado a la conclusión de que en su presencia soy un hombre sin vocación ni oficio. No hace falta que yo predique si Dios muestra su Gloria.[3] La gente ya es convencida de la santidad de Dios, sencillamente por su presencia. Al mismo tiempo, se sienten convictos de su impiedad y de su necesidad de arrepentirse y de vivir una vida santa. Están conscientes de su indignidad para rendir adoración y alabanza, y son atrapados por un apremiante deseo de profundizar su relación con Dios y de guiar a otros a su presencia.

Jacob oró y luchó por una bendición pero lo que recibió fue un "cambio." Su nombre, su caminar y su conducta fueron cambiados. Yo estoy convencido que a fin de producir un *cambio* Divino en nuestra vida, a veces Dios coloca una pequeña marca de "muerte" en nuestros cuerpos (como ocurrió en la cadera de Jacob).[4] Algo de nosotros muere en nuestro interior cada vez que confrontamos su Gloria. Es como poner un "punto de contacto" para lo santo. Así como Isaías recibió los carbones encendidos en sus labios y fue cambiado, así recibimos el pan caliente de su presencia y somos transformados para siempre. A medida que nuestras pasiones, impulsos y deseos carnales mueren, más de nuestro espíritu, y del hombre interior, cobra vida. Los primeros seis capítulos de la profecía de Isaías están dedicados a los "ayes." Él dice "¡Ay de mí!,... ¡Ay de ti!,... ¡Ay de todo el mundo!... Pero cuando el profeta vio al Señor alto y sublime, comenzó a hablar de cosas que sólo pueden comprenderse en el contexto del Nuevo Testamento.

Una cosa *no ha cambiado*: el proceso de recibir la "bendición," con el toque en la cadera o con los carbones encendidos en nuestros labios carnales, todavía nos hace sentir mal. Nos hace sentir muy incómodos cuando danzamos frente al velo. Los sacerdotes antiguos, en forma instintiva, sabían que la Gloria de Dios era algo con lo cual no se podía bromear. Por eso es que ataban una cuerda al tobillo del sumo sacerdote antes de que traspasara el velo. Sabían que si entraba en la presencia de Dios en pecado, no saldría de allí caminando. Tendrían que sacar su cuerpo muerto arrastrándolo fuera del velo, y confiar que las cosas ocurrieran mejor la próxima vez. En el día de hoy, tenemos que encarar los mismos asuntos al obedecer el llamado de Dios, para que la Iglesia haga su transición de la unción, a su Gloria manifiesta.

"Había demasiado de Dios"

Ciertas personas a través de la historia de la Iglesia han conocido la Gloria de Dios. Smith Wigglesworth fue uno de ellos. En una de sus biografías se cuenta la historia de un pastor que comenzó a orar con él con la firme determinación de estar en el cuarto de oración todo el tiempo. Finalmente salió gateando del recinto diciendo: "Había demasiado de Dios allí." Eso es posible. Usted puede llegar a estar en ese lugar. Pregúntele a Enoc. El resultado final de esta búsqueda es que todo lo que quede sea la Gloria de Dios, no los dones, el ministerio, las opiniones o las habilidades ungidas del hombre. En la presencia manifiesta de Dios, usted y yo no necesitamos hacer mucho, y no obstante ocurrirán cosas grandes y maravillosas. De otro lado, cuando usted y yo somos los que "hacemos el trabajo," los resultados son pocos, y no hay mucho de la Gloria de Dios en él. Esa es la diferencia.

Otra ilustración de la diferencia entre la unción y la Gloria de Dios es ésta: Cuando usted camina descalzo en un día fresco y frío y toca a alguien, recibirá una pequeña descarga eléctrica. También recibirá una descarga si agarra un cable de alta tensión y recibe 220 voltios en sus manos desnudas. En ambos casos, el poder de la descarga es la energía eléctrica y ambas operan por el mismo principio. La una le dará un pequeño corrientazo. La otra tiene el potencial de matarlo instantáneamente, o de iluminar su mundo. Las dos provienen de la misma fuente, pero difieren en poder, propósito y alcance.

Si le permitimos al Señor reemplazar nuestros programas con su latente presencia, entonces, cuando quiera que la gente traspase las puertas de nuestras iglesias, o cuando se mezcle con nosotros en el bulevar, será convencida de pecado y se apresurará a arreglar cuentas con Dios, sin necesidad de decir una sola palabra. (Discutiremos este tópico en forma más detallada en el capítulo 8 titulado "El propósito de Su presencia")

No tenemos a Dios bajo cerrojo

Necesitamos aprender a darle la bienvenida y a mantener la manifiesta presencia de Dios de tal manera que aún el remanente de lo que ha ocurrido entre nosotros lleve a los pecadores al punto de convicción y conversión inmediata. Yo estoy hambriento de la expresión de tal clase de avivamiento, pero si no somos cuidadosos haremos que la lámpara se apague. Nosotros no tenemos a Dios bajo cerrojo, porque aún no estamos casados con Él. Todavía está buscando una novia sin mancha ni arruga y debemos recordar que ya una vez desechó una novia ante el altar y quizá deseche otra.

Yo creo que, si fuera necesario, Dios destruiría a la Iglesia, *tal como la conocemos,* para alcanzar las ciudades. Él no está enamorado de nuestra imperfecta visión de su perfecta Iglesia; su interés está en la casa que *él mismo edifica.* Si nuestra humana y maloliente monstruosidad se interpone en el camino de lo que él quiere realizar, entonces removerá nuestra pila de basura a fin de alcanzar a los hambrientos. El deseo de su corazón es alcanzar a los perdidos, y si no escatimó ni a su propio hijo para salvarlos, tampoco nos eximirá a nosotros.

Debemos actuar de acuerdo a lo que Dios quiere hacer. La misma Biblia que usted y yo llevamos a los servicios de la iglesia semana tras semana dice: "Si nosotros no lo alabamos, las piedras clamarán"[5] Si la Iglesia no le rinde alabanza y obediencia, él levantará personas que lo hagan. Si nosotros no cantamos de la gloria de Dios en las calles de las ciudades, él levantará una generación de gente no religiosa y desinhibida y les revelará a ellos su gloria. Su problema es que sufrimos la fatal enfermedad espiritual del desgano. ¡No estamos suficientemente hambrientos!

Sólo nos sirve el arrepentimiento

Dios no se manifiesta a las personas que solamente buscan sus beneficios. Él se revela a quienes buscan su rostro.

En el Antiguo Testamento cuando una persona rehusaba mostrarle su rostro, con deliberación se apartaba de usted. Las antiguas órdenes de la Iglesia practicaban la "separación" y el enclaustramiento. Podemos jactarnos de nuestros logros o ignorar nuestras insuficiencias, pero no importa lo que hagamos, sólo el arrepentimiento nos llevará a una recta situación con el Señor.

La única manera en que Él cambiará su visitación en avivamiento y hará en nosotros morada permanente para vida, es si le preparamos un lugar con lágrimas y arrepentimiento, porque no tolerará más nuestra ignorancia. Literalmente cerrará sus ojos para no mirarnos, para que su mirada no nos destruya.

Dios está cansado de gritar instrucciones a la Iglesia; Él quiere guiarnos con su sola mirada. Eso significa que tenemos que estar lo suficientemente cerca de Él para ver su rostro. Él está cansado de corregirnos mediante la censura pública. Por mucho tiempo hemos buscado sus manos. Deseamos lo que puede hacer por nosotros; anhelamos sus bendiciones; queremos el oro y el moro, los panes y los peces. Sin embargo, eludimos el elevado compromiso que implica buscar su rostro.

Si usted busca su rostro encuentra su favor. Por largo tiempo hemos disfrutado la omnipresencia de Dios, pero ahora estamos experimentando breves momentos de su visitación mediante su manifiesta presencia, la cual hace vidas rectas y pone en desbandada las fuerzas demoníacas.

Cuando la unción se hace presente, si es un predicador, predicará mejor. Pero cuando la Gloria de Dios se manifiesta, no puede hacer nada. Tiembla, tartamudea y quiere hacerse a un lado del camino. Si es un cantante, la unción lo hará cantar mejor. Pero con la Gloria presente apenas podrá cantar. ¿Por qué? Porque Dios ha declarado que ninguna carne se gloriará en su presencia.[6] Eso no quiere decir que usted es una mala persona o que vive en pecado. Significa que es carne y sangre confrontado con la presencia misma de Dios. ¿No evoca esto viejos recuerdos de lo que ocurrió en la dedicación del templo de Salomón? Los sacerdotes no pudieron permanecer en él para ministrar.[7] No quedaron hambrientos de bendición. Pienso que cayeron sobre sus rostros con temor.

"Si alguna vez he oído a Dios..."

Cuando la Gloria de Dios se manifiesta, la gente hace cosas bien raras. Yo lo he presenciado noche tras noche en reuniones en donde la Gloria del Señor se ha manifestado. Una noche una dama dijo: "Jamás había estado en esta iglesia. Honestamente, estaba planeando abandonar a mi esposo en la mañana. Pero esta noche, a las 7:30 (el servicio había comenzado 30 minutos antes, a las 7:00 en punto) estando sentada en el comedor de mi casa, Dios me habló. Si alguna vez he oído la voz de Dios, fue esta noche. Él me dijo: 'levántate y vete a la iglesia ahora mismo, a la iglesia que tiene techo verde´."

Ella entonces vino a la iglesia (de techo verde) y se sentó en la última banca de atrás. Luego se postró sobre su rostro en medio de las bancas y lloró de arrepentimiento durante dos horas. Nadie le había dicho lo que tenía qué hacer. No es necesario decir que su matrimonio también se salvó.

Avivamiento verdadero es cuando...

No tenemos una clara comprensión de lo que es avivamiento. De hecho no tenemos el más mínimo concepto de lo que es un verdadero avivamiento. Durante generaciones la imagen o el cuadro que nos hemos hecho del avivamiento es una pancarta o pasacalles en frente de la iglesia, un elocuente predicador, buena música, y unas cuantas personas que deciden unirse a la iglesia. ¡No! Avivamiento real es cuando la gente está comiendo en un restaurante, o caminando por la avenida, y repentinamente comienza a llorar y dice a sus amigos: "No sé lo que anda mal en mí pero sé que tengo que arreglar mi situación con Dios."

Hay avivamiento real cuando la persona más "difícil" e

inalcanzable para el evangelio que usted conoce, viene al Señor a pesar de todas las dificultades. Hablando con franqueza, la verdadera razón por la cual estas personas no son alcanzadas en otros momentos es porque ven en las iglesias muy poco de Dios, y mucho del hombre. Procuramos llenarlas con doctrina, e imprimimos folletos suficientes para empapelar las paredes de edificios enteros. Yo doy gracias a Dios por cada persona alcanzada por un folleto bíblico, pero la gente no quiere doctrina, ni folletos, ni están interesados en nuestros débiles argumentos. ¡Quieren sencillamente a Dios! (¿Cuándo aprenderemos que si las personas son atraídas a la fe mediante argumentos, con la misma facilidad pueden ser alejadas de ella también con argumentos?) La gente puede sentirse atraída por nuestra buena música, pero permanecerá interesada sólo mientras ésta dure. No podemos competir con el mundo en áreas donde su gente es tanto o más competente que nosotros. Pero de otro lado, el mundo no puede competir con la presencia de Dios.

Yo le digo un secreto si promete contárselo a alguien más. ¿Quiere saber cuándo comenzará la gente a entrar a su iglesia local? Lo hará tan pronto sepa que la *presencia de Dios* está allí. Es tiempo de redescubrir el poder de la manifiesta presencia del Señor.

Dios busca personas con suficiente hambre de Él como para recibir su presencia. Cuando Él se manifieste usted no necesitará ninguna publicidad en el periódico, o en la radio o en la televisión. ¡Todo lo que necesita es tener a Dios allí, y la gente vendrá de cerca y de lejos en cualquier noche! No estoy hablando de teorías o de ficción. Esto ya está ocurriendo. Y comienza con la oración de los hambrientos:

Tiene que haber más...

Notas Finales

1. Ver Hechos 9:3-6

2. James Strong, *Exhaustiva Concordancia de la Biblia* (Peabody, MA:Hendrickson Publishers, n.d.), **terror** (Nº H2847 Nº H2865)

3. Ver Hebreos 8:11 NIV

4. Hasta el día de hoy algunos judíos no comen carne de esta parte del animal. Ver Génesis 32:32

5. Ver Lucas 19:40

6. Ver 1ª de Corintios 1:29

7. Ver 1º de Reyes 8

Capítulo 4

Los muertos ven su rostro

La senda secreta hacia su presencia

"Yo sé que está en algún lugar por aquí. Puedo decir que estoy muy cerca. Tiene que haber un camino para llegar allí. ¡Oh, allí está! Este sendero no parece muy agradable. De hecho es áspero, quebrado, y está ensangrentado. Veamos... ¿cómo es que llaman esta senda?... Arrepentimiento. ¿Está seguro que este es el camino?...¿Con seguridad, es así cómo puedo alcanzar mi meta de lograr ver su rostro y disfrutar de su presencia? Voy a preguntarle a un compañero de viaje. Moisés, ¿qué dice usted? Usted ya ha estado allí, cuénteme."

Y Jehová dijo a Moisés: También haré esto que has dicho, por cuanto has hallado gracia en mis ojos, y te he conocido por tu nombre.

Él entonces dijo: Te ruego que me muestres tu Gloria.

Dijo más (Dios): No podrás ver mi rostro; porque no me verá hombre y vivirá. (Éxodo 33:17-18, 20)

Cuando Moisés le pidió a Dios que le mostrara su Gloria, el Señor le advirtió que ningún hombre puede verlo y permanecer vivo. Este es un hecho cierto aun en el Nuevo Testamento. Sólo los muertos pueden ver a Dios. *Hay* una relación entre Su Gloria y nuestra muerte.

Cuando Moisés comenzó a presionar ante Dios y dijo: "Yo quiero ver tu Gloria; tengo que verla," Él ya tenía el diseño del tabernáculo. Él era el hombre que Dios había escogido para recibir los detalles arquitectónicos del modelo de salvación y la postrera restauración del hombre a su presencia, previos al Calvario. De verdad creo que Moisés miraba el tabernáculo, consideraba la ley y pensaba: *Esto no es más que una muestra, un modelo de lo que Dios va a hacer. Sólo un tipo y una sombra de lo porvenir.* Creo que sabía que el mobiliario y los utensilios del tabernáculo tenían todos un significado simbólico. Pero él quería ver el producto terminado. Había comenzado a *construir una catedral* que era demasiado grande para ser terminada en una generación, así que dijo: "Muéstrame tu Gloria." Fue entonces cuando el Señor le dijo: "Tú no puedes. Solamente los muertos ven mi rostro." Por eso es que me encanta leer acerca de hombres visionarios de oración como Aimee Semple McPherson y William Seymour quienes postraban sus rostros sobre los ásperos guacales de empacar manzanas en la Calle Azusa, y en reuniones de oración que duraban noches enteras clamaban porque la Gloria de Dios descendiera. Yo creo que cuando el cúmulo de oraciones de los hijos de Dios aumenta más y más, y éstas crecen en anhelo y ansiedad, en intensidad y en poder, finalmente llega a ser "demasiado" para el Señor y no demora más la manifestación de su presencia. Llegan al punto en el cual él dice finalmente: "¡Eso es. No demoraré más. Es el momento preciso!"

Esto es lo que ocurrió en Argentina en la década de los años cincuenta. Un hombre llamado Edward Miller escribió un libro titulado *Llora por Mí Argentina,* en el cual describe uno de los orígenes del gran avivamiento en este país, que estaba destinado a impactar a la América del Sur, y últimamente al mundo entero. El doctor Miller está ahora en sus ochenta, pero hace más de cuatro décadas era uno de los pocos misioneros pentecostales del Evangelio completo que laboraban en Argentina. Él cuenta la historia sobre cómo 50 estudiantes del Instituto Bíblico Argentino comenzaron a orar y tuvieron una visitación angélica. A veces tenían que suspender las clases debido a la tremenda carga de oración que tenían por la nación Argentina. Día tras día, durante 49 días consecutivos, estos estudiantes oraron e intercedieron por su país en el Instituto Bíblico. Hasta donde el doctor Miller sabía, Argentina era en aquel tiempo tierra de paganos. Él dijo que sabía de la existencia de solo 600 creyentes llenos del Espíritu en toda la nación en los años en que era gobernada por el general Juan Domingo Perón.

El doctor Miller me aseguró que jamás había visto personas llorando tan intensamente y durante tiempo tan prolongado en oración. Esto necesariamente tenía que ser sobrenatural en origen y propósito.

No sabemos mucho acerca de la intercesión en el día de hoy. La mayoría de nosotros piensa que interceder consiste en gritar contra los espíritus demoniacos, pero realmente eso no es lo que se necesita. Lo que necesitamos es sencillamente que el "Padre" se manifieste.

Esto sólo podía describirse como algo no terrenal

Me contaba el doctor Miller que estos estudiantes lloraban y clamaban día tras día. Mencionó a un joven que recostó su cara contra una pared de ladrillos y lloró allí hasta que, cuatro horas más tarde, la porosa pared se humedeció con sus lágrimas. ¡A las seis horas, el joven estaba parado en un charco de sus propias lágrimas! Estos jóvenes intercesores lloraron día tras día en lo que sólo podía ser considerado como un llanto y una intercesión sobrenatural y no terrenal. No estaban arrepentidos de pecados que ellos hubieran cometido. Fueron movidos por el Espíritu Santo hacia el llamado "arrepentimiento vicario." Este arrepentimiento no tenía que ver con actos propios sino con acciones pecaminosas cometidas por otras personas, en su ciudad, en su región, y en toda la Argentina.

Dijo el doctor Miller que en el quinto día de clamor y de intercesión continua delante del Señor, vino a ellos una palabra profética declarando: "No lloren más porque el León de la Tribu de Judá ha prevalecido sobre el príncipe de Argentina." Dieciocho meses después, los argentinos acudían en masa a los servicios evangelísticos y de sanidad que se realizaban en estadios de fútbol con capacidad para 180.000 personas, y aún los estadios más grandes de la nación eran insuficientes para albergar a las multitudes que deseaban asistir.

Jamás podré olvidar las palabras que me dijo:

"Si Dios puede conseguir suficientes hijos suyos en un área para rechazar el gobierno y dominio de Satanás, si suficientes personas rechazan ese dominio de la manera correcta: con humildad, con quebrantamiento, y en arrepentimiento e intercesión, entonces el Señor ejecutará una acción de desalojo del espíritu demoniaco que gobierna esa área. Y cuando lo haga, una luz gloriosa comenzará a brillar sobre ella."

Estamos orando por una apertura de los cielos sobre nuestras ciudades y sobre nuestra nación, de tal manera que cuando la Gloria del Señor venga o se manifieste, la gente en nuestra área no pueda resistirse más por cuanto las fortalezas de los poderes demoniacos habrán sido destruidas. ¿Cómo puede ocurrir esto? Mediante la visitación y la manifestación de la gloria de Dios. ¡Ojalá que una pléyade de "intercesores" se levante para cerrar las puertas del infierno y abrir las puertas de los cielos!

Nos gusta danzar alrededor de zarzas ardiendo

Uno de nuestros problemas es que siempre que logramos buenos servicios de adoración, o sentimos que un avivamiento ha llegado, tenemos la tendencia de acampar en ese lugar y nos desviamos de nuestra búsqueda de Dios para poder danzar alrededor de las zarzas ardientes. ¡Quedamos tan atrapados contemplando lo que ha ocurrido con la zarza, que nunca regresamos a Egipto para liberar a los cautivos!

El Señor está diciendo a su Iglesia que no es suficiente ser bendecidos. No basta con recibir sus dones y caminar disfrutando de su Divina unción. Yo, particularmente, no quiero más bendiciones; quiero al autor y dador de ellas. No quiero más dones; quiero tener al dispensador de los dones. "¿Está usted diciendo –preguntará usted-- que no cree en los dones, ni quiere las bendiciones de Dios?" No. Lo que digo es que a veces en nuestro delirio emocional por una breve visitación del "otro mundo," nos sentimos abrumados y nos distraemos de nuestro Divino propósito. No se emocione con los "juguetes" que el Señor tiene; *él quiere que usted se emocione con Él*.

Mi labor ministerial me lleva a viajar con mucha frecuencia, y cuando regreso al hogar, a encontrarme con mi familia, yo no me conmuevo por preguntas normales en niños pequeños tales como: "¿Me trajiste algo Papito? ¿Qué me trajiste esta vez?" Lo que realmente deseo y con lo cual sueño cada día que dura mi ausencia, es el momento en que mi hijita, de sólo seis años de edad, se trepa en mi humanidad y me consciente y me da su cariño sin pensar siquiera en el juguete que tengo dentro de mi maleta para ella. Pienso que son estos momentos de cariño los que mis hijos recordarán muchos años después, cuando los juguetes y las fruslerías hayan desaparecido, olvidados en cualquier rincón. Nuestro Padre Dios desea lo mismo de nosotros. ¡Los buscadores de Dios no desean sus cosas, lo desean a Él! Ni aún "las cosas de Dios" pueden satisfacer a un hombre "conforme al corazón de Dios" (Vea Hechos 13:22)

La mayoría de las veces cuando tenemos una visitación de Dios, nuestros ojos se fijan en las cosas equivocadas.

Deseamos sus "juguetes" espirituales.[1] Le decimos al Señor: "Bendíceme, tócame Padre," y hemos convertido nuestras iglesias locales en "clubes de solicitadores de bendición." En ninguna parte de la Biblia encontramos el altar o "el lugar de la bendición." Un altar existe solo para un fin. Pregúntele al corderito que llevan hacia él... le dirá que no es un lugar de bendición sino de muerte. Pero si podemos abrazar *esa* muerte, entonces quizás podamos ver el rostro de Dios.

¿Porqué hablamos tanto de muerte?

Hablo de conceptos *equivalentes a muerte en el Nuevo Testamento,* como son el arrepentimiento, el quebrantamiento y la humildad delante del Señor. Con demasiada frecuencia aceptamos la Palabra de Dios sólo de labios. Decimos que es la verdad, pero *actuamos* como si no lo fuera. ¿No cree que lo que el Señor dice es cierto? ¿Qué tal si en realidad sólo los muertos pueden ver su rostro?

A menudo nos damos por satisfechos con cosas que son muy diferentes a lo que deberían ser. Sigo insistiendo en este asunto porque la Iglesia está en grave peligro de detenerse de nuevo ante la "zarza ardiendo" en esta maravillosa visitación de la presencia de Dios. Existe un propósito *mayor* en las reuniones que se están realizando en el mundo entero. (Y no es precisamente que seamos bendecidos) Dios quiere abrir los cielos sobre nuestras ciudades para que las personas sin Dios puedan saber que Él es el Señor, y que las ama. Ese es el verdadero propósito de la visitación de Dios a los hombres. Es necesario que quitemos la vista de los juguetes y la coloquemos en el propósito real.

Necesitamos clamar como Moisés: "Gracias Señor, pero no es suficiente. Queremos más, tenemos que ver más, queremos ver tu Gloria. *¡No queremos ver dónde has estado; queremos ver a dónde vas!*"

Por eso es que debemos pedirle siempre al Señor que nos muestre el lugar dónde va abrir los cielos sobre nuestras ciudades. Eso es lo que yo busco. Quiero descubrir hacia dónde va, para lograr ubicarme en el sitio dónde se va a manifestar. Hay un ejercicio de la soberanía de Dios en la elección de los lugares. *Nadie en el mundo puede, prendiendo un fósforo, hacer arder las zarzas.* Solo Dios puede hacerlo. Nuestra parte consiste en caminar por el desierto hasta encontrar la zarza, y luego recordar quitarnos los zapatos, porque hemos tropezado con suelo santo.

Casi puedo sentir el aroma de vidas tocadas por el fuego

A veces visito lugares en donde casi puedo sentir el aroma de vidas que han sido tocadas por el fuego de Dios y no se han quemado. Eso me hace sentir que estamos cerca del lugar en donde Dios nos dará una visión comprimida del propósito superior que hay detrás de todo esto.

La mayor parte de lo que hemos visto tan distante es la *renovación* de la Iglesia. Pienso que *avivamiento* no es la mejor palabra para describir lo que estamos viendo, porque ella se refiere a algo muerto que recobra vida. Yo no poseo la terminología para describir lo que Dios está a punto de hacer. ¿Cómo describir un "tsunami"? ¿Cómo describe usted una ola gigante? ¿Cómo hablar de lo que Dios quiere hacer, junto con la indecible gracia y fortaleza que vienen con ella?

El modelo bíblico que yo deseo y con el cual sueño, es el de la relación de Dios con la ciudad de Nínive. Quiero ver una ola de Dios barriendo una ciudad, llevándose por delante toda la arrogancia del hombre, sin dejar nada tras sí como no sea vidas quebrantadas y corazones arrepentidos. Estoy hambriento de un avivamiento como el que se describe en el libro de Jonás, con arrepentimiento y ayuno en toda la ciudad de Nínive.

Ese tipo de avivamiento *debía haber* ocurrido en Nazaret, pero no ocurrió. Nazaret debió ser el lugar óptimo, pues en esta ciudad estaba el más grande predicador que haya vivido en esta tierra. Fue en la Sinagoga de Nazaret que Jesús, puesto en pie dijo: "El Espíritu del Señor está

sobre mí." Luego leyó en la Escritura lo que se proponía
hacer: sanar a los enfermos, dar vista a los ciegos, liberar a
los cautivos; pero Él no pudo hacer nada de esto por causa
de la incredulidad de los habitantes de la ciudad. Es necesario prestar atención a esta triste historia, por cuanto
Nazaret era el centro bíblico en los días de Jesús. Nazaret
era el lugar donde debió ocurrir. (Pero las apariencias de
un lugar o de su gente engañan, y no es sabio dejarse impresionar por ellas)

A mí no me importa cómo luce una persona, o su apariencia externa; solo Dios conoce sus planes para ella en el
futuro. Muchos cristianos han menospreciado las grandes
metrópolis como Los Angeles, Nueva York, Detroit, Chicago
o Houston. Los Angeles podrá albergar miles de centros
pornográficos, y ser la sede de Hollywood, el centro de la
industria cinematográfica, ¡pero la ciudad de Nínive era
un lugar aun menos adecuado para un avivamiento en su
época! Sin mencionar a Shanghai, Nueva Delhi, Calcuta,
Río de Janeiro... y la lista crece. Pero si alguien puede encontrar el interruptor de la luz, su gloria fluirá en estas
ciudades. Debe ser así por cuanto Él dijo que "¡su gloria
llena toda la tierra!" (Ver Números 14:21)

Yo soy un muerto
que camina

Sólo los muertos ven el rostro de Dios, así que cuando
vaya detrás del velo tendrá que decir: "Ya no estoy vivo.
Soy un muerto que camina" Cuando un condenado a muerte comienza a recorrer el trayecto final hacia el lugar de su
ejecución, instantes antes de cerrar tras él la puerta del
corredor de la prisión, el comandante de guardia o alguno
de los guardianes a veces gritan: *"Muerto caminando."* Con
esto le dan a saber a todos que este hombre está viviendo
los últimos momentos de su vida en esta tierra, y que deben guardar silencio y una actitud decorosa. El hombre
está vivo pero sólo por unos momentos. Cuando llega al
sitio de la ejecución, todo está acabado para él. Así es como

debe vivir un cristiano, según lo afirma la epístola a los Romanos 12:1: *un muerto que camina.*

El sumo sacerdote de la antigüedad sabía que era "un muerto andante" cuando los otros sacerdotes ataban un cordel a su tobillo, mientras él miraba el pesado y grueso velo que lo separaba del Lugar Santísimo. La única razón por la cual podía salir vivo de aquel lugar era únicamente por la misericordia y la gracia de Dios. Nosotros en el día de hoy no comprendemos el delicado asunto de acercarse a la Gloria de Dios. Hablando acerca de la Gloria decimos: "La Gloria está aquí," pero en realidad no está. La *unción* está aquí, y quizás puede haber cierta medida de la luz de Dios. Pero si la gloria del Señor se manifestara alguna vez en su plenitud, todos moriríamos. Las montañas se funden ante su presencia manifiesta, ¡cuánto más el ser humano![2]

Hemos fracasado en asir algo de la Gloria del Señor (tal vez somos incapaces de hacerlo). El Apóstol Pablo dijo que "ninguna carne se gloriará en su presencia."(1ª Corintios 1:29) Si existe alguna expresión de la carne presente cuando la Gloria de Dios se manifieste, tendrá que *morir,* porque nada puede vivir ante esa presencia. Solamente los muertos pueden ver su faz.

"No sé si regresaré"

Una vez en el año el sumo sacerdote del pueblo de Israel salía de su casa con su corazón oprimido y decía a su familia: "Yo no sé si regresaré. No estoy seguro, pero pienso que he hecho todas las cosas que debía hacer. ¿Está mi efod en orden?" Los Judíos eran tan precavidos en cuanto a evitar la profanación que al sumo sacerdote no se le permitía aún dormir la noche anterior a su entrada tras el velo. Los demás sacerdotes lo mantenían despierto leyéndole la ley, para que no pudiera profanarse accidentalmente así mismo con un sueño impuro durante la noche.

En forma alegórica, cuando por fin, el momento de la

verdad llegaba, el sumo sacerdote metía con cuidado su dedo en la sangre tibia del macho cabrío o del cordero sacrificial y la untaba en los lóbulos de sus orejas. Luego aplicaba más sangre a los pulgares de sus manos y sus pies. ¿Por qué hacían esto? Simbólicamente él tomaba la apariencia de un *muerto,* para poder acercarse a la gloria de Dios y permanecer vivo. Una vez que la sangre de la muerte era aplicada en la cabeza y en los pies, el sacerdote respiraba profundo y daba una última mirada al mundo de los mortales, revisaba el cordel atado a su tobillo, y alcanzaba el incensario. Este tazón o recipiente conectado a una cadena, tenía en el fondo tizones encendidos. El sacerdote tomaba un puñado de incienso santo y lo dejaba caer sobre los tizones, lo cual creaba una nube gruesa y creciente de humo con olor fragante. Después acercaba el incensario debajo del velo y lo mecía hasta que el humo llenaba completamente el Lugar Santísimo. Luego levantaba con suavidad el borde de la parte inferior del pesado velo y entraba gateando al interior, con temor y temblor, con la ansiosa esperanza de poder regresar vivo. *Las rodillas son mejores que los pies para entrar al Lugar Santísimo.*

Los sacerdotes del Antiguo Testamento sabían algo que nosotros no sabemos

El humo encubridor era la última barrera de seguridad del sistema de autoprotección para el sacerdote, que lo protegía de la consumidora santidad del Dios Todopoderoso. Los sacerdotes del Antiguo Pacto sabían algo que nosotros necesitamos redescubrir el día de hoy. Ellos sabían que Dios es Santo y que el ser humano no lo es. Sabían que la carne viviente muere instantáneamente si se encuentra al descubierto con la Gloria de Dios. Por eso, cuando traspasaban el velo, era necesario suficiente humo en el recinto para esconder todas las cosas de su vista, aunque siguiera todas las instrucciones, se cubriera a sí mismo con la sangre, y leyera las Escrituras durante la noche anterior. Sabían si la nube era lo suficientemente espesa, si no veían nada en el interior. El sacerdote tenía que realizar todas sus tareas, incluido el rociamiento de la sangre, sin el sentido de la vista. La nube encubridora era una señal que le aseguraba una posibilidad de ver la luz del día otra vez. (Ver Levítico capítulo 16)

Yo creo que la nube de incienso era necesaria no sólo para evitar que el sacerdote viera la Gloria de Dios. La otra razón era que si el Lugar Santísimo no se llenaba de humo, entonces la Gloria de Dios vería, así fuera en forma limitada, la "carne viviente." Hay un notable pasaje de la Escritura en Apocalipsis que dice: "Cuando abrió el séptimo sello, se hizo silencio en el cielo como por media hora."(Apocalipsis 8:1)

¿Por qué los ángeles celestiales guardaron asombrado silencio durante 30 minutos? El contexto de los capítulos anteriores muestra la aparición de los santos en formación, ataviados con vestidos blancos, ante la presencia de Dios mismo. Vendrá el día cuando nuestros cuerpos mortales se vistan de inmortalidad, y lo corruptible se vista de incorrupción. Pero aun entonces, los residuos de la carne estarán allí. Yo creo que cuando traspasemos las puertas perlíficas de la Nueva Jerusalén, los ángeles guardarán asombrados un silencio de 30 minutos como diciendo: "Los redimidos están de pie frente al trono del Santísimo." Es inimaginable para ellos que la carne pueda estar frente a la Gloria de Dios, pero ello es posible si ella es transformada mediante el proceso de muerte y resurrección, y por su sangre derramada. Sólo los muertos pueden ver el rostro de Dios.

Su misericordia lo mantiene alejado de nosotros

Es la misericordia de Dios la que lo mantiene alejado de nosotros. Generación tras generación, los cristianos han elevado inauditas oraciones, y han golpeado los altares diciendo: "Señor, acércate, Señor, ven más cerca." Creo que Él nos ha respondido pero su respuesta ha sido en dos sentidos: De un lado nos llama y nos dice: "Ven acá, acércate tú, y Yo me acercaré, porque Yo quiero estar más cercano." Y del otro levanta su mano en advertencia diciéndonos: "Ten cuidado. Si te vas a acercar más, asegúrate de que tu carnalidad está muerta. Si de veras quieres conocerme, todo en ti debe morir."

¿Por qué se convertía Dios en espectador de la muerte? ¿Qué había de interesante en el hedor del pelo chamuscado y de la piel quemada, qué se escondía en el sacrificio que se convertía en una invitación para que el Señor saliera de su morada celestial y visitara el lugar donde el sacrificio era consumido por el fuego? Hay algo en la muerte que invita al Señor. ¡Quizás usted no se dé cuenta de ello pero la muerte ha estado presente en cada avivamiento a través de la historia de la Iglesia! La muerte estaba en cada una de las reuniones de la Calle Azusa. En los dos primeros Despertamientos Espirituales que tuvieron su origen allí. El pionero Pentecostal Frank Bartleman dijo de este avivamiento en la Calle Azusa: "La profundidad de su arrepentimiento determina la altura de su avivamiento."

Dios se acerca más a medida que percibe que nuestra carnalidad va muriendo

Es como si el olor del sacrificio fuera una señal de que Dios puede acercarse más a su pueblo por un momento sin destruirlo por sus pecados. Su objetivo final siempre ha sido la reunión y la estrecha comunión con el ser humano, su más grande creación, pero el pecado ha hecho que este sea un asunto fatal. Dios no puede acercarse más al ser humano porque éste impregnado del olor del mundo. Tiene que morir antes para que Él pueda acercársele más. Por eso cuando le pedimos que lo haga, él tiene la disposición pero también nos dice: "No puedo acercarme más porque si lo hago, tu carne será destruida. Quiero que entiendas que si lo hago y mueres, ya no tendré a quién acercarme."

Por eso es que el arrepentimiento y el quebrantamiento de corazón, –los equivalentes de muerte en el Nuevo Testamento– hacen la presencia de Dios tan cercana. Pero nosotros evitamos el arrepentimiento porque no nos gusta el olor de la muerte. Cualquiera que haya percibido alguna vez el olor de cabellos y piel quemada estará de acuerdo en que no es agradable. Para los sentidos del ser humano no es halagador, pero para Dios lo es porque es una señal de que puede acercarse una vez más a quienes Él ama.

Olvide el "programa de entretenimiento especial"

Las cosas que nos gustan y las que le gustan a Dios, casi siempre son diferentes. Una vez el Señor me habló mientras estaba ministrando y me dijo: "Hijo, los servicios que a ti te gustan y los que me gustan a mí no son los mismos." Comencé a notar que muy a menudo definitivamente diseñamos nuestros servicios religiosos para complacer a la gente. Los programamos para endulzar el oído de las personas, para hacer que tengan un "programa de entretenimiento especial." Infortunadamente esta clase de reuniones tiene muy poco del amor sacrificial del que debemos hacer objeto al Señor, quien merece nuestra alabanza y adoración.

Dios prefiere tener momentos de comunión con unos pocos, que realmente lo aman, que programas para que todo el mundo venga y se divierta. Realizamos una fiesta, supuestamente para el Señor, en la cual intercambiamos regalos unos con otros, ¡ignorándolo *a Él* totalmente! Hay algo del elemento de *muerte del yo* que es especial. Tal vez no es muy agradable para nosotros, y quizá pensemos que no hace ningún bien, pero de seguro que es efectivo, según el concepto del Señor.

Si usted tomó este libro con la esperanza de que el Espíritu Santo le diera palmaditas en la espalda, terminará frustrado. Pero si abrió estas páginas con seguridad en su corazón que la Iglesia necesita una revolución en su adoración y en su forma de caminar, entonces no será defraudado. La última vez que leí el Salmo 103: 1, decía: "Bendice

alma mía a Jehová." No decía: "Bendice Señor *mi* alma."
Dios está cansado de meter su mano al bolsillo tan solo
para dispensar sus bendiciones. Él quiere que disfrutemos
la comunión con su rostro, pero sólo los muertos pueden
acercarse lo suficiente para verlo.

Dios no se atreve a
acercarse más...

La mayoría de nosotros se contenta con conservar, aunque sea aun poquito de nuestra vida caída, de nuestras
ambiciones carnales, y con liviandad nos colgamos del borde del manto de la salvación de Dios. Oh sí, podemos asir-
nos de los remanentes de "lo nuestro" y estamos dispuestos a vivir así. Nos parece suficiente para nosotros lo poco
que recibimos del Señor cuando –en sentido figurado– saca
su mano por debajo del velo. Esto es apenas suficiente para
guardarnos de la hambruna espiritual, pero Dios no se atreve a acercarse más porque causaría la muerte de nuestra
carnalidad que tanto apreciamos. La decisión es, pues,
nuestra.

Dios busca a alguien que esté dispuesto a atarse un cordel a su tobillo y decir: "Si perezco, que perezca, pero yo
voy a ver al Rey. Quiero hacer todo lo que pueda y sea necesario para entrar al otro lado del velo. Voy a cubrirme
con la sangre, voy a arrepentirme, haré todo lo que pueda
porque estoy cansado de saber solo *acerca* de Dios. *Yo quiero conocerlo a Él. Tengo que ver su rostro.*"

No importa quién es usted, ni lo que ha hecho, ni la
tradición religiosa que profese y abrace; la única manera
mediante la cual podrá traspasar el velo es por la muerte
de su carnalidad. La muerte expresada en un sincero arrepentimiento y en un quebrantamiento genuino delante del
Señor, permitirá que Él se acerque a usted. El Apóstol Pablo dijo: "Ahora vemos por espejo, oscuramente; más entonces veremos *cara a cara*. Ahora conozco en parte; pero
entonces conoceré como soy conocido." (1ª de Corintios
13:12) En ese momento conoceremos a Dios en su pleni-

tud, tal como Él es, de la misma manera en que Él nos conoce ahora, tal como somos.

El Apóstol Juan fue desterrado a la isla prisión de Patmos por causa de su fe en Cristo, pero yo estoy convencido que había una razón más profunda para ello. Fue solamente cuando Juan llegó a ser un muerto andante, abandonado a su suerte en esta isla desierta para que muriera allí, que oyó una voz y al volverse a mirar vio el rostro de Dios el Hijo, el Señor Jesucristo.

Todos nosotros pensamos que hemos conocido a Dios, y creemos que somos parte de la Iglesia. Pero necesitamos mirar de cerca a Juan. Él fue el Apóstol que se recostó en el regazo de Jesús. Fue el discípulo más cercano e íntimo de Jesús. Él vio a Jesús despertarse para calmar la tormenta en el mar de Galilea. Fue testigo cuando Jesús literalmente paró un cortejo fúnebre para tocar el cuerpo de un joven muerto, y lo resucitó de entre los muertos para entregárselo a su madre. Y este mismo Apóstol, caminando en la isla de Patmos, vio por primera vez a Jesús en su gloria sin velo. Dijo del Señor que su cabeza y su cabello eran como blanca lana, como nieve, y sus ojos como llama de fuego. Que sus pies eran como el bronce bruñido. La Escritura dice que Juan cayó a los pies del Señor *como muerto.* (Ver Apocalipsis 1:17) ¿Por qué le ocurrió tal cosa a Juan siendo que ya conocía a Jesús desde hacía tres años? En el instante visionario en que Juan lo vio, probó la muerte porque había visto la vida. Es necesario morir para verlo. Al respecto todo lo que yo puedo decir es que "es una buena razón para morir." A medida que nuestro yo muere, Él se hace más cercano.

Juan el Bautista también sabía ese secreto. De él dijo Jesús: "Entre los que nacen de mujer no se ha levantado otro mayor que Juan el Bautista..." (Mateo 11:11ª) ¿Por qué razón? Porque Juan tuvo la gracia de comprender el poco conocido principio sobre el cual se construye y permanece todo ministerio, todo servicio y toda adoración verdadera:

Es necesario que Él crezca, pero que yo mengüe.

Si yo menguo, entonces Él puede crecer. Menos de mí significa más de Él. Juan el Bautista era suficientemente sabio para darle el crédito al verdadero Dispensador de todos los dones y todas las habilidades. Él dijo: "No puede el hombre recibir nada, si no le fuere dado del cielo." (Juan 3:27b) Básicamente si hay menos de mí, entonces hay más espacio para Dios. Mientras más muero yo, más puede acercarse Él. ¿Hasta dónde puede llegar esta cercanía? Bueno, yo no lo sé, pero puedo darle el nombre de alguien a quien le puede preguntar. Consúltelo con Enoc. Él nos mostró que usted puede literalmente caminar con Dios, pero usted "morirá" en la jornada.

La Biblia dice: "Y ellos le han vencido por medio de la sangre del Cordero y de la palabra del testimonio de ellos, y menospreciaron sus vidas hasta la muerte." (Apocalipsis 12:11) ¿Está usted tratando de evitar la muerte? ¿Quiere las bendiciones de Dios viviendo su propia vida? La mayor bendición del Señor no proviene de su mano sino de su rostro, de una íntima relación con Él. Cuando usted finalmente lo ve y lo conoce, ha llegado a la fuente de todo poder.

No será una bendición barata

Es cierto que toda carne debe morir en la presencia de su Gloria, pero también es cierto que todo lo que es del Espíritu *vive por siempre* en su Gloria. La parte inmortal de su ser que en realidad quiere vivir, puede vivir eternamente, pero primero hay algo en su carne que debe morir. Su carne lo separa de la Gloria de Dios, así que usted está atrapado en una lucha sin fin entre la carne y el espíritu mientras lee estas líneas. Es tiempo para que tome la iniciativa y le diga a Dios: "Señor, yo quiero ver tu Gloria." El Dios de Moisés está dispuesto a revelarse pero esta no va a ser una bendición barata. Tendrá que postrarse y morir. Él solo puede acercársele en la medida en que usted esté dispuesto a morir.

Es necesario que se olvide de quien está a su alrededor y que abandone el "protocolo normal." Dios redefine hoy lo que nosotros llamamos "iglesia." Él busca personas conforme a su corazón. Una iglesia integrada por personas como David, que buscan su corazón[3] (no tan solo su mano). Usted puede procurar sus bendiciones, y jugar con sus juguetes, o también puede decir: "No Papito, yo no quiero las bendiciones, te quiero a ti. Quiero tenerte más cerca de mí. Quiero que tú toques mis ojos y mis oídos; quiero que toques mi corazón y me cambies Señor. Estoy cansado de mí, de mi forma de ser. Y si tú me cambias, la sociedad cambiará, *y las ciudades podrán cambiar también.*"

Necesitamos orar por un quebrantamiento, pero no podemos orar por él a menos que nosotros mismos estemos quebrantados. Los avivamientos, el despertar espiritual, sólo vienen a personas que ya están quebrantadas delante del Señor, que no buscan sus propias ambiciones sino los propósitos de Dios. Necesitamos llorar por nuestra ciudad tal como Jesús lloró por Jerusalén. Necesitamos que el Señor nos quebrante.

No resista la acción del Espíritu Santo cuando la mano de Dios procura moldear su corazón. El Gran Alfarero de su alma sólo trata de ablandarlo y suavizarlo. Quiere llevarlo a un estado tal de enternecimiento que no necesite de un viento celestial con fuerza de huracán para saber que Él está presente. Él quiere que usted sea tan delicado y sensible que la más suave y apacible brisa del cielo, la más tenue demostración de su presencia emocione su corazón y diga: "¡Es Él !"

Queremos vida, pero Dios busca muerte

Necesitamos arrepentirnos por diseñar servicios religiosos para agradar a los hombres en vez de someternos a lo que el Señor le gusta. Como la mayoría de hombres y mujeres, ¡hemos deseado "vida" en nuestros servicios, cuando Dios desea "muerte" en nuestras reuniones! Es la "muerte" expresada en arrepentimiento y quebrantamiento de corazón lo que lo introduce a la presencia del Señor, y hace que usted pueda acercarse a Él y *vivir*.

Algunas personas al llegar a este punto se sienten muy incómodas cuando comienzan a percibir el olor de humo. Pueden sentir en el aire el olor de carne quemada. Quizás para nosotros su olor no es agradable, pero el Señor sí es atraído hacia donde hay arrepentimiento. El Señor Jesús dijo que "hay gozo delante de los ángeles de Dios cuando un pecador se arrepiente." (Ver Lucas 15:10) Muerte y arrepentimiento en la tierra causan gozo en los cielos.

El avivamiento debe comenzar en su iglesia local antes de que pueda alcanzar a su comunidad. Si usted está hambriento de avivamiento entonces yo tengo una palabra del Señor para usted: *El fuego no cae en altares vacíos*. Tiene que haber un sacrificio en el altar para que el fuego caiga. Y si quiere que el fuego de Dios descienda, usted tiene que convertirse en el combustible. El Señor Jesús se sacrificó a sí mismo para obrar nuestra redención. Y ¿cuál es su llamado para cada persona que le sigue? Negarse a sí mismo, *tomar su cruz* y seguirlo.[4] De acuerdo con la *Concordancia de Strong,* la palabra griega "cruz" *stauros,* significa "en forma figurada, exposición a la muerte, por ejemplo, la autonegación"[5] El profeta Elías no le pidió a Dios que enviara fuego del cielo hasta que él había dispuesto el combustible y un sacrificio digno. Nosotros en cambio hemos estado orando porque el fuego descienda, ¡pero no hay nada en el altar!

Si se encuentra deseoso de que el fuego Divino descienda sobre su iglesia, entonces es necesario que usted mismo suba al altar y diga: "Señor, no importa lo que cueste. Yo pongo mi vida misma sobre el altar y te pido que me consumas con tu fuego Señor." Luego podemos seguir las instrucciones de Juan Wesley quien explicó como atraía a esas grandes multitudes durante el Primer Gran Avivamiento:

> *"Yo pongo mi vida en el fuego y la gente*
> *viene para verme arder."*

Notas Finales

1. Estoy utilizando el término *juguetes* para describir *nuestra* actitud hacia los dones de Dios. No estoy tratando de rebajar o subestimar el genuino propósito y valor de estos regalos de Dios. El Señor no nos dio estos preciosos dones, como el de profecía, el de palabra de conocimiento, o el de sanidad para impresionar la carne o para influenciar a la gente. Nos han sido dados con el propósito de edificar y equipar el Cuerpo de Cristo para la obra del ministerio.

2. Ver Jueces 5:5 y Nahúm 1:5

3. Ver Hechos 13:22

4. Ver Lucas 9:23

5. James Strong, *Strong´s Exhaustive Concordance of the Bible.* (Peabody, M.A.: Hendrickson Publishers, n.d.) **cross** (G4716).

Capítulo 5

¿Huimos o entramos?

*Una oportunidad de encontrar a quien
sabemos siempre ha estado allí*

Siempre que encuentro una escena de fiesta o veo gente tomando licor y actuando como paganos, *¡no puedo evitar sentir cierta simpatía por ellos!* No están jugando ningún juego religioso. Ellos saben quienes son y qué son. (Quienes me producen irritación son los que juegan y pretenden ser lo que no son.) Casi en cada ocasión que paso junto a un bar o un club nocturno, un loco pensamiento llega a mi mente: *Señor, ¿por qué no aquí? ¿Por qué no te manifiestas aquí mismo?*

Mi concepto de avivamiento es cuando la gloria de Dios desborda el espacio de las cuatro paredes de nuestras iglesias para fluir en las calles de la ciudad. Un avivamiento de proporciones históricas en estos tiempos modernos será cuando Dios invada los centros comerciales un viernes por la noche. Yo quiero ver las administraciones de los centros comerciales obligadas a contratar capellanes de tiempo completo para atender a las innumerables personas que lloran bajo convicción de pecado en cualquier día laboral. Anhelo ver en toda la ciudad a los ministros siendo llama-

dos para atender el flujo de personas que caen bajo convicción de pecado cuando pasan a través de la ciudad. (Los
guardas de seguridad saben que hacer con los ladrones de
tiendas, pero, ¿sabrán que hacer con las personas angus-
tiadas debido a que han sido convencidas de la
pecaminosidad en sus vidas?) ¡Ojalá que ese día esté cercano!

Yo creo que esa demanda reprimida de su presencia ha
conmovido a Dios, y que en "el día del Señor" (si su pueblo
procura su presencia) las iglesias existentes no podrán
manejar la explosión de almas que llegan en busca de salvación. Dos ideas o dos conceptos o dos cuadros pueden ser
ciertos en relación con la Iglesia. En el peor de los casos,
ella sería un museo de lo que una vez fue. En el mejor y
siendo benévolos con ella, podemos decir que ejerce fun-
ciones de celaduría, que es una organización de manteni-
miento. Nuestro mayor problema es que hemos "almace-
nado en nuestros estantes" el material equivocado. Estamos tomando de esos empolvados estantes para ofrecerle a
los hambrientos nuestros rituales religiosos de factura
humana, los cuales nadie en su sentido cabal apetece. Los
rituales religiosos vacíos y carentes de vida son tan apeti-
tosos como puede ser un "puré de papas azules" o cualquiera otra mezcla poco natural. Si alguien pudiera alguna vez abrir una tienda o almacén que solamente venda,
por así decirlo, a Jesús, las masas hambrientas acudirían
allí. Tal vez la razón por la cual no hemos llenado nuestros servicios religiosos con el material correcto es porque
éste no es barato.

La Iglesia ha hecho apenas la mitad del recorrido camino del desierto. Estamos acampados al pie del Monte Sinaí, igual que los hijos de Israel, como se narra en el libro
de Éxodo. Es obvio que hemos alcanzado el punto en donde vamos a tener que tomar una decisión. ¿Huimos o entramos?

Y Moisés subió a Dios; y Jehová lo llamó desde

*el monte, diciendo: Así dirás a la casa de Jacob, y
anunciarás a los hijos de Israel:*

*Vosotros visteis lo que hice a los egipcios, y como
os tomé sobre alas de águilas, y os he traído a mí.*

*Ahora, pues, si diereis oído a mi voz, y
guardareis mi pacto, vosotros seréis mi especial
tesoro sobre todos los pueblos; porque mía es toda
la tierra.*

***Y vosotros me seréis un reino de sacerdotes,
y gente santa.*** *Estas son las palabras que dirás a
los hijos de Israel.* (Éxodo 19:3-6)

Este es el lenguaje del Nuevo Testamento, en las páginas del Antiguo. Dios estaba dando al pueblo de Israel la opción obvia de dar un salto a un nuevo y más alto nivel de intimidad con Él.[1]

Hemos llegado al monte de la decisión

Quizá podemos estar contentos con las zarzas ardientes y regocijarnos con nuestros primeros encuentros con el Dios Todopoderoso. Tal vez estemos satisfechos con las tablas de la revelación y la sabiduría cinceladas por Dios mismo y con algunas otras cosas que Él hace. Pero aquí y ahora hemos llegado al monte de la decisión, a la proverbial "bifurcación del camino" Dios nos ha sacado del pecado y del mundo. Él ha comenzado a hacer de nosotros un pueblo especial. Ese fue el propósito de la larga jornada a través del desierto. Dios hacía un pueblo de quienes "no eran un pueblo."

El Apóstol Pedro escribió al respecto: "Vosotros que en otro tiempo *no erais pueblo*, pero que ahora sois *pueblo de Dios*; que en otro tiempo no habíais alcanzado misericordia, pero ahora habéis alcanzado misericordia."(1ª de Pedro 2:10) Dios tomó a esclavos y siervos serviles, quienes no tenían educación ni mucho menos autoestima, y plantó en ellos su propio carácter y puso su Nombre en ellos. Los sacó de Egipto y les dijo: "Ahora voy a hacer de ustedes un *pueblo.*" Él estaba preparando una Novia.

El Señor llevó a los descendientes de Abraham a la base del Monte Sinaí, pero no fue una tarea fácil. Cuando esa multitud de personas necesitó alimento, Dios quiso que lo buscaran a Él para satisfacer su necesidad de pan, pero en vez de hacer tal cosa, ellos le riñeron y zahirieron a Moisés, y consideraron la posibilidad de regresar a Egipto, el lugar de su esclavitud. No obstante, Moisés oró y Dios suplió maná y codornices. Lo mismo ocurrió cuando hubo carencia de agua. En vez de pedirle a Dios y creer en su abundante provisión, inmediatamente acorralaron a Moisés con sus quejas y con sus comentarios y remembranzas de los "días dorados" en Egipto. Dios tenía algo mejor para los hijos de Israel, pero era tal su incredulidad y rebeldía que era como si Dios pensara: *Si puedo hacerlos pasar de este monte, entonces podré llevarlos hasta el final de la jornada.*

Llamados a "un lugar de bendición en Él"

La triste e infortunada verdad que encontramos en el libro de Éxodo es que el grupo diverso y variado que Dios llevó al Monte Sinaí *no fue el grupo de personas* que hizo cruzar el río Jordán, camino a la tierra prometida. *Algo ocurrió en el monte.* Dios los llamó e hizo de ellos una nación por vez primera en su historia. Él los llamó a un lugar. Un lugar de bendición y de cambio a donde ellos no querían ir. No caiga en el error de pensar que este "lugar" era solamente un punto físico en el mapa, por cuanto esta gente ya iba a terminar su jornada en el desierto. Su bendición no consistía únicamente en algún pedazo de terreno rocoso, aunque la tierra prometida, la tierra física, era parte del pacto de Dios. Pero el Señor los llamó a *un lugar de bendición en Él.* Su llamado fue a un pacto, a un nivel de intimidad con su Creador, que no se le ofreció a ningún otro pueblo sobre el planeta en ese tiempo. *Ese es el secreto del lugar secreto.* Nosotros estamos inclinados a pensar que la idea de un "reino de sacerdotes" es una enseñanza cris-

tiana del Nuevo Testamento, ¡pero también fue el plan
original de Dios para Israel!

> *Y Jehová dijo a Moisés: Ve al pueblo, y santifíca-*
> *los hoy y mañana; y laven sus vestidos.*

> *Y estén preparados para el día tercero, porque*
> *el tercer día Jehová descenderá a ojos de todo el*
> *pueblo sobre el Monte Sinaí.*

> *...Cuando suene largamente la bocina, subirán*
> *al monte.* (Éxodo 19:10-11,13b)

Aunque la primera generación de israelitas se reunió
alrededor del monte, finalmente ellos decidieron creer a
los espías cobardes y con temor se apartaron del camino
hacia la tierra prometida. La causa real de su fracaso se
encuentra precisamente allí, al pie del Monte Sinaí. Dios
quiso que *todos* los hijos de Israel tuvieran una *relación de*
intimidad con Él en el monte, pero ellos se sintieron incómodos.

> *Todo el pueblo observaba el estruendo y los re-*
> *lámpagos, y el sonido de la bocina, y el monte que*
> *humeaba; y viéndolo el pueblo, **temblaron, y se pu-***
> ***sieron de lejos.***

> *Y dijeron a Moisés: Habla tú con nosotros, y*
> *nosotros oiremos; **pero no hable Dios con noso-***
> ***tros, para que no muramos.***

> *Y Moisés respondió al pueblo: No temáis; por-*
> *que para probaros vino Dios, y para que su temor*
> *esté delante de vosotros, para que no pequéis.*

> *Entonces **el pueblo estuvo a lo lejos**, y **Moisés***
> ***se acercó** a la oscuridad en la cual estaba Dios.*
> (Éxodo 20:18-21)

Ellos vieron los relámpagos y oyeron los truenos, y se
volvieron atrás acobardados y temerosos. Huyeron de su
presencia en vez de buscarla hasta alcanzarla, tal como lo
hizo Moisés. No estaban contentos con el estilo de liderazgo que Dios había elegido. (Y Dios no podía despojarse de
su identidad como el Dios Omnipotente para complacer al
hombre en ese entonces, ni lo hará tampoco en el día de

hoy) Así que el resultado final de su rechazo a tener una relación de santa intimidad con Él, fue que murieron sin poder entrar ellos, y antes de que sus hijos entraran a la tierra prometida. *Ellos prefirieron un respeto distante, a una relación íntima.*

No fue el plan original de Dios para la primera generación de israelitas, que murieran en el desierto. Él quiso llevar y darle posesión en la tierra prometida al primer grupo de personas que liberó y sacó de la tierra de esclavitud. Su deseo fue dar a su nueva nación constituida o formada por antiguos esclavos liberados, su propia tierra y herencia, pero ellos no pudieron tenerla por causa de su temor y de su incredulidad. Su suerte fue echada y su destino fue decidido, cuando miraron la tierra prometida al otro lado del Jordán y decidieron echarse atrás pero, sus problemas comenzaron realmente cuando se apartaron de la presencia de Dios representada en la nube en el Monte Sinaí. Fue allí que huyeron de Dios y exigieron que Moisés hiciera de intermediario entre ellos. (La Iglesia ha sufrido del mismo mal a través de toda su historia)

A menudo preferimos la intermediación de un hombre, a una relación personal y directa con el Señor. Permitimos que un temor carnal, inspirado por Satanás nos impida una santa intimidad con el Señor. Las raíces de este temor se remontan hasta el mismo jardín del Edén. Adán y Eva se escondieron en avergonzado temor mientras que Dios anhelaba una dulce comunión con ellos.

¿Huimos o seguimos adentro?

Ahora bien, eche un vistazo panorámico a su iglesia local. Yo casi puedo garantizarle que algunas de las personas en su congregación estuvieron en ese lugar de decisión "en el comienzo" de su vida cristiana. Otros estuvieron unos meses, o varios años después. Algunos son creyentes muy nuevos, o al menos recién llegados. Pero El Señor los ha traído a todos ustedes a la montaña de decisión en el día de hoy. Ustedes, que "no eran pueblo," han sido hechos un pueblo. Dios nos tomó y nos liberó a todos nosotros de la opresión y la esclavitud del pecado. Él nos separó a algunos de nosotros de malos matrimonios. Otros fueron liberados de la esclavitud del alcoholismo y de otros problemas de abuso de sustancias adictivas. Muchos hemos sido libres del problema de la falta de empleo y de la miseria; de la depresión crónica, y de muchas otras costras producidas por Satanás, que sería largo enumerar. Al fin de cuentas, todos nosotros nos hemos congregado alrededor del monte de Dios y hemos escuchado su llamado a estrechar nuestra relación con Él. Ahora enfrentamos el mismo desafío que encararon los hijos de Israel miles de años atrás: *Huír o entrar. ¿*Entrar a dónde? ¡A su misma presencia!

Hay un sentir de emocionada expectativa en la Iglesia hoy. Quizá usted como yo lo ha sentido. Es un sentir de que lo que esperamos "no está demasiado lejos." Algunos eruditos bíblicos creen que cuando los israelitas acamparon al pie del Monte Sinaí, estaban a sólo unos pocos días de marcha de la tierra prometida. La única razón por la cual fueron demorados fue su renuencia a estrechar su relación con Dios. Su temor a la intimidad con Él sembró la semilla del temor a sus enemigos. Lo mismo puede decirse de la mayoría de iglesias en el día de hoy. En realidad tenemos la percepción de que nos encontramos en una crítica encrucijada en el momento actual.

De un lado podemos decir: "Hemos llegado demasiado lejos como para dar marcha atrás." Pero también existe la posibilidad de decir: "Estamos realmente cansados. Queremos sentarnos aquí por un tiempo y descansar." La pregunta real es, ¿qué dice Dios? Yo creo que Él quiere que nos afirmemos en el punto donde estamos. Que nos extendamos hacia delante para recibir todo lo que Él tiene para darnos ahora.

A partir de este momento, usted y yo vamos a hacer una de dos cosas:

1. Vamos a crecer y a estrechar nuestra relación con Dios no importa cuánto nos cueste.

2. Daremos la espalda y regresaremos al lugar de donde vinimos y seremos muy buenos miembros de la iglesia, ceñidos a programas preestablecidos, asiduos asistentes a las reuniones, organizados, miembros de comités, haciendo todas las cosas "buenas" que se supone y espera que la "gente buena" debe hacer. Terminaremos enamorados del pasado y miraremos este tiempo de decisión con nostalgia y diremos: "Aquellos fueron los días."

Yo no sé cuál será su sentir, pero yo no quiero envejecer y llegar a mirar el pasado con pena y decir: "¡Ah, qué días grandiosos aquellos!" ¿Por qué he de hacerlo cuando he llegado a la comprensión de que con el Señor puedo vivir en el tiempo presente? Yo puedo caminar en la frescura de lo que Él tiene para mí *cada día* de mi vida? Si hoy nos atrevemos a seguir a Dios, cualquier día del mañana estaremos en capacidad de mirar hacia atrás y decir: "¡Yo recuerdo aquellos años que fueron *anteriores* al gran avivamiento y a la gran manifestación que tuvimos de su presencia!"

Nuestro futuro depende de nuestra correcta perspectiva

Con toda franqueza, nuestro futuro depende de nuestra perspectiva en esta hora de decisión. Si la perspectiva que tenemos de nosotros y de nuestros logros es: "Bueno, lo hemos hecho bastante bien," muy probablemente eso es todo lo que haremos. Pero nuestro futuro será totalmente diferente si decimos: "Gracias Señor, pero... *¿dónde está el resto? ¡Tiene que haber más! ¡Muéstrame tu gloria!"*

El truco o la estratagema más exitosa de Satanás es hacernos correr hacia metas falsas. El diablo trabaja incansablemente para hacernos detener tras un corto recorrido y decir: "¡Lo logramos!" Se deleita cuando nos ve caer o cuando ve que nos salimos del camino, para notar en el momento final que *la meta está todavía más adelante.* El Apóstol Pablo sabía de que hablaba cuando dijo: "...olvidando ciertamente lo que queda atrás, y extendiéndome a lo que está delante, prosigo a la meta..."(Vea Filipenses 3:13-14)

Necesitamos aprender de los eventos en el Monte Sinaí. Fue en este lugar donde los israelitas construyeron el tabernáculo de acuerdo a todas las instrucciones que Dios le dio a Moisés. Fue en el Monte Sinaí que el Señor le dio a Moisés la gran revelación de la ley, resumida en los Diez Mandamientos. Pero allí también tuvieron ocurrencia otras cosas de igual importancia. Fue allí también donde se creó un ídolo, un becerro de oro al cual le rindieron adoración idolátrica.

En primer lugar Dios reveló en el Monte Sinaí que Él quería comenzar a tratar con la gente en forma *directa* y personal. Hasta ese día, Moisés siempre había retransmitido a los hijos de Israel el mensaje Divino, todas las cosas que Dios le había dicho. Ese fue un tiempo de transición, un período en el cual Dios estaba diciendo: "Está bien, es tiempo de crecer. De ahora en adelante yo quiero hablar con ustedes como toda una nación de sacerdotes santos. Ya no quiero más intermediarios. Yo amo a Moisés pero no quiero hablarles a través de él. Quiero tratar con ustedes directamente como mi nación y mi pueblo."

Algunos se han convertido en "lactantes"en bancas acojinadas

Infortunadamente los israelitas sufrían en ese entonces el mismo problema que muchos cristianos en el día de hoy. Hemos llegado a ser adictos de la unción. De la Palabra del Señor entregada por un intermediario mediante la predicación y la enseñanza. Muchos de los creyentes en nuestras iglesias se han convertido en "Bebés lactantes," que no desean otra cosa que sentarse en bancas acojinadas, en edificios con aire acondicionado y clima controlado, en donde alguien digerirá previamente lo que Dios tiene para decirles, y se los entregará ya predigerido. (Le tememos a una "indigestión espiritual" causada por mensajes que con-

sideramos "demasiado fuertes o ásperos" para ser asimila-
dos.) *¡Estómagos delicados no sirven para recibir verdades
duras!*

La solución es el hambre y la desesperación por tener a
Dios mismo sin intermediarios. Necesitamos orar, "Señor,
¡estoy cansado de que todos los demás oigan de ti! ¿Dónde
está la cerradura de mi cuarto de oración? ¡Voy a ence-
rrarme bajo llave hasta que yo mismo pueda oír también
tu voz!"

Le concedemos gran importancia a la lectura de la Palabra, y esto es en realidad muy importante. Pero necesitamos recordar que la Iglesia antigua no tuvo lo que nosotros llamamos hoy el Nuevo Testamento, hasta muchos
años más tarde. Los primeros creyentes no tenían siquiera las Escrituras del Antiguo Testamento, porque aquellos
rollos costosos reposaban bajo llave en las sinagogas. Las
únicas Escrituras que tenían eran los versículos de la ley,
de los Salmos y de los profetas, los cuales habían sido trans-
mitidos en forma verbal por los abuelos y abuelas a sus
hijos y sus nietos, y sólo si éstos eran creyentes judíos. Así
que al fin de cuentas ¿qué *tenían*? Ellos caminaban y hablaban con Dios en un grado tal de intimidad con Él, que
les era innecesario acudir a las empolvadas cartas escritas
muchos años atrás. Tenían las frescas y recientes notas de
Amor de Dios escritas en sus corazones.[2]

El Espíritu Santo dice: "Miren, yo sé que es grandioso
el hecho de haberlos sacado del pecado y que sus vestidos
no se envejecen. Están viviendo en cierta medida de bendición y tienen mi presencia revelada cada día en la nube y
en la columna de fuego. Sé que tienen un buen líder, pero
lo que *yo* realmente quiero es esto: que crezcan, que madu-
ren y quiero tenerlos cerca en un nuevo nivel de intimidad."

Jamás ha ocurrido un avivamiento verdadero porque la
gente lo busque como un fin en sí. Los avivamientos ocurren cuando la gente *busca a Dios mismo*. En nuestra pre-
suntuosa forma de pensar hemos dicho: "Muy bien, vamos

a tener un avivamiento." ¡Si usted puede provocar un huracán, entonces tal vez pueda producir un avivamiento! Y si usted puede producirlo, entonces no es un avivamiento. Si puede contenerlo o controlarlo, "tampoco lo es." Tenemos que darle el nombre correcto: un apetitoso helado, una serie de buenas reuniones, con crema almibarada de predicación y cerezas de elocuencia humana por encima. Quizás nos encante hasta el punto de chuparnos los dedos al consumirlo, *pero no es avivamiento.*

Tenemos que encarar el hecho de que hemos llegado a ser adictos de todas las cosas que hay y que se hacen en la iglesia, tales como los coros y la música. Pero estas cosas no son lo que Dios llama "iglesia," y tampoco son el verdadero avivamiento.

Dios está cansado de mantener *relaciones de larga distancia* con sus hijos. Se cansó de ellas hace miles de años, en los días de Moisés, y lo tienen cansado en el día de hoy. En realidad Él anhela tener encuentros cercanos, relaciones íntimas con usted y conmigo. Él quiere invadir nuestros hogares con su presencia permanente, en tal forma que hasta un visitante sea compungido y comience a llorar y adorar en el momento en que cruce nuestra puerta.

Huir o entrar

> *Todo el pueblo observaba el estruendo y los relámpagos, y el sonido de la bocina, y el monte que humeaba; y viéndolo el pueblo,* **temblaron, y se pusieron de lejos.**
>
> *Entonces* **el pueblo estuvo a lo lejos, y Moisés se acercó** *a la oscuridad en la cual estaba Dios.*
> (Éxodo 20:18,21)

¡Qué Divina dicotomía! ¡El uno entró; los otros huyeron!

¡Dios llamó a su pueblo a la intimidad y ellos cogieron por el otro camino! Le dijeron a Moisés: "...no hable Dios con nosotros *para que no muramos.*" (Éxodo 20:19) Comprendieron que sólo las cosas y las personas que armoni-

zan con el carácter de Dios como lo describen los Diez Mandamientos, podrían subsistir con vida delante de su presencia. Con su acción de huir realmente estaban diciendo:
"Mira, no queremos llegar hasta allá. No queremos vivir
de esa manera. No permitas que Dios nos hable ahora."
Todo lo que Dios quería que ellos hicieran cuando le dio a
Moisés los Diez Mandamientos era que corrigieran su manera de actuar para hacer algo más que verlos de lejos,
mirarlos a distancia. Él anhelaba caminar con ellos una
vez más en la tibieza de los días del desierto. Deseaba sentarse con ellos y abrirles su corazón en comunión íntima.
Mi querido amigo, nada ha cambiado en el carácter de Dios.
Él quiere hacer hoy exactamente lo mismo con usted y conmigo. Nuestra respuesta apropiada debe ser: "Por favor
Señor, habla con nosotros, *¡no importa si al hacerlo tenemos que morir!"*

La triste realidad podría ser que la mayoría de cristianos en los Estados Unidos de América no tienen un verdadero sentir de la presencia permanente de Dios en sus vidas porque rehusan arreglar o corregir el desorden que
hay en ellas. Y muchos de nosotros que intentamos hacerlo nos quedamos atascados en el legalismo.

Cuando se oyen las pisadas del Padre

Cuando los israelitas le dijeron a Moisés que estaban
temerosos, él trató de explicarles: "No tengan miedo, Dios
sólo trata de probarlos. Esos truenos y relámpagos les recuerda su tremendo poder para que eviten el pecado. Como
pueden ver, lo único que Él quiere es que sean limpios de
tal forma que pueda hablar con ustedes." (Ver Éxodo 20:20)
¿No es sorprendente cuán poderosas e intimidantes parecían las pisadas de sus padres cuando en su niñez las escu-
chaba dirigirse hacia usted, especialmente cuando hacía
algo indebido? En esos momentos, los israelitas escucha-
ban las pisadas de nuestro Padre Dios.

El relato bíblico nos dice que "...el pueblo estuvo a lo
lejos," mientras que "Moisés se acercó a la oscuridad en la

cual estaba Dios." (Éxodo 20:21) ¡Qué cuadro patético! El pueblo se aparta por un camino, mientras Moisés va por el otro diciendo: "Hey compañeros, vengan acá. Es Dios, y les dice "acérquense a mí." Él nunca ha hecho esto antes. Cuando yo estuve en la cima del monte Él me permitió acercarme, y ahora ha descendido porque quiere que todos nosotros juntos nos acerquemos a Él."

Dios siempre comienza con el liderazgo y Moisés ya había entrado una vez a aquella densa oscuridad en la cima del monte. En este momento Dios quería que el resto de los hijos de Israel se unieran a Moisés delante de su presencia, pero en vez de hacerlo, ellos huyeron. A mí me parece que la historia del pueblo Judío comenzó a irse cuesta abajo desde el momento en que Dios les dijo: "Acérquense a mí," y ellos dijeron: "De ninguna manera." Y es bastante evidente que este problema no fue sólo de los israelitas en los tiempos de Moisés. También es un serio problema que afecta a la Iglesia de nuestro tiempo.

Todo lo que quieren es "tener citas" con Dios

Hay algo en nosotros que nos atemoriza ante el compromiso de una verdadera comunión íntima con el Señor. En primer lugar, la intimidad con Dios requiere *pureza*. Los días de diversión y de juegos en la Iglesia han pasado. ¿Qué es lo que quiero decir con esto de "diversión y juegos"? Si su definición de diversión es "escaso compromiso y mucho ajetreo y emoción," entonces todo lo que usted quiere es "flirtear" o "tener citas con Dios." Sentarse, nada más, en la última silla con Él. ¿Será necesario dibujar un cuadro para explicarlo? ¡Dios está cansado de nuestro deseo de tener emociones con Él, sin ponernos antes el anillo de compromiso! ¡Algunos están más enamorados de los "toquecitos cariñosos" que de la gloria! Son adictos de la unción, están encantados del sentir de ser bendecidos, recibiendo los "dones" como "buscones" o explotadores de Dios, satisfechos con chocolatinas, flores y joyitas. La última vez que lo verifiqué, Dios buscaba una novia, no una amiguita de citas; una prometida, no un pasatiempo; en definitiva, alguien que quiera "unirse" con Él.

Me temo que muchas personas en la Iglesia se acercan a Dios para obtener sencillamente lo que más puedan de Él, sin ningún compromiso y sin dar nada a cambio. Dios le dice a su Iglesia: "Yo no quiero este tipo de relación. Ahora bien, si quieren "casarse" conmigo, hagámoslo de la manera correcta. Con un compromiso formal, del uno hacia el otro."

Buscamos y procuramos las emociones baratas, sin compromisos, pero el Señor dice: "Anhelo "intimidad." *Como resultado de esa comunión íntima,* vendrá el avivamiento. El avivamiento es labrado o esculpido en la roca de granito del compromiso con el desposado. Los bebés siempre nacen como resultado de la intimidad. Es tiempo de "acercarnos" y tener esa intimidad.

Muy a menudo hemos pretendido ensillar antes de traer el caballo. Decimos: "Queremos un avivamiento," y jamás mencionamos la intimidad. Buscamos el avivamiento *sin buscar a Dios.* Es como si una persona desconocida y extraña se le acercara a usted y le dijera: "Quiero tener hijos contigo. ¿Qué me dices? En realidad no te conozco y no estoy muy seguro si me gustas o no. Desde luego no quiero saber nada de compromisos ni de matrimonio, pero quiero tener hijos contigo. ¿Cuál es su respuesta?"

Muchos líderes de la Iglesia han escrito incontables libros sobre el tema del crecimiento de las iglesias, pero a veces el mensaje subyacente en los mismos es: "El crecimiento de las iglesias sin lograr una relación con Dios." Siempre procuramos encontrar atajos, o desvíos, o substitutos, cuando hablamos del "requerimiento de la intimidad" ¿Por qué razón? Porque lo que queremos es una buena cantidad de personas sentadas en las bancas de la iglesia, para poder compararnos ventajosamente con cualquiera de las otras iglesias locales que existen en la ciudad. Los hijos en sí no constituyen ni hacen una familia. Ellos son el subproducto natural de una relación de amor y de intimidad en el matrimonio. Hablando con franqueza, la mayoría de las iglesias de nuestro tiempo son el equivalente espiritual de una familia con una disfunción familiar: presbíteros con un "solo progenitor." ¿Dónde está Papá?

Lo que necesitamos buscar en realidad es una *verdadera relación con Dios*. Junte a un hombre y a una mujer que se aman mutuamente y, en la mayoría de los casos, no tendrá que preocuparse si tendrán hijos o no. Éstos son el resultado o la consecuencia natural de un proceso de intimidad.

¿Por qué es que los grandes avivamientos del último siglo no han ocurrido en suelo norteamericano? Yo creo que esto viene desde el tiempo cuando nuestras normas morales se vinieron abajo junto con nuestros niveles de compromiso. Pienso que la capacidad colectiva de nuestra nación para profundizar de veras su relación con Dios se refleja con exactitud en su factor recíproco (u opuesto): nuestra tendencia al aumento prodigioso y desenfrenado de los índices de divorcio y de matrimonios desintegrados. En otras palabras, hemos olvidado, o dejado de lado como carente de importancia, el perdido arte del compromiso con Dios. Al elegir apartarnos del rostro de Dios al pie de la montaña, cada uno de los demás compromisos en nuestras vidas comenzaron a deteriorarse y finalmente a derrumbarse.

Los cristianos producidos en invernadero no tienen raíces

La mayoría de Cristianos en Norte América son "Cristianos de invernadero" que florecen mientras sean guardados en un ambiente protegido y cuidadosamente controlado, lejos del temor, de la angustia o de la persecución. "Dios no permita que pronunciar el Nombre de Jesús nos resulte 'costoso'."

Pero una y otra vez hemos visto que si se toman estos Cristianos de invernadero y se les ubica en el mundo real en donde sopla el viento de la adversidad, y cae la lluvia de las aflicciones, y si tienen que soportar el sol quemante y la consiguiente sequía que él produce, descubren entonces que nunca desarrollaron un sistema de raíces en el invernadero. Allí es cuando se marchitan y dicen: "¡Yo no fui creado para esto!"

Dios ha tratado conmigo hasta llegar al punto en que me he visto forzado a redefinir algunos de mis criterios o conceptos de lo que significa ser "salvo." Si se requiere el "perfeccionamiento del ambiente" para probar la presencia de Dios en su vida, entonces mi percepción es que los cristianos perseguidos no tienen a Dios. ¿Cómo pueden tenerlo si no poseen seminarios bíblicos, ni coros, ni la música de moda en la adoración. Tampoco tienen aire acondicionado, o ujieres, o guarderías, o sistema electrónico de paginado, ni santuarios alfombrados, ni un equipo de consejeros. Su ambiente de adoración es terrible. Si son descubiertos realizando un servicio de adoración, tienen que pagar un terrible precio.

Leí hace algún tiempo un reporte de un grupo de cristianos Chinos que fueron sorprendidos en un servicio de adoración. Los oficiales ubicaron en la mitad del pueblo un abrevadero, o recipiente, en donde se le da a beber a los caballos obligaron a cada hombre y cada mujer en la congregación a orinar dentro de él. ¡Luego sumergieron al pastor en la orina, justo a la vista de todos ellos!

¿Sabe qué ocurrió? La congregación de esa iglesia se duplicó en apenas dos semanas, y eso no fue por causa de su bonito santuario, o por su dinámico grupo de adoración. El verdadero crecimiento de la iglesia, ya sea en libertad o en persecución, es el resultado de una sola cosa: el íntimo conocimiento del Dios vivo.

La confesión de las personas enamoradas

Esta clase de creyentes no modifican su relación con el Señor por recibir o no un aumento de salario en el trimestre, o de acuerdo a como van las cosas con su cuenta bancaria, o por cuánta "diversión" han disfrutado durante las actividades de la iglesia. Ellos declaran con el Apóstol Pablo: "Pero de ninguna cosa hago caso, *ni estimo preciosa mi vida para mí mismo*, con tal que acabe mi carrera con gozo, y el ministerio que recibí del Señor Jesús, para dar testimonio de la gracia de Dios." (Hechos 20:24) Esta es la confesión de personas enamoradas de su Hacedor, y que tienen una comunión íntima con Él.

Dios nos llama. La primera vez que Él me reveló esto, temblé y lloré delante de la gente cuando le dije: "Usted está en el Monte Sinaí en este momento, y el Señor lo llama a una relación de intimidad personal con Él. Si se atreve a responder su llamado, esto causará una redefinición de todo cuanto ha hecho." La decisión que tome hoy determinará si avanza o retrocede en su caminar con el Señor.

La intimidad con Dios exige un cierto grado de quebrantamiento, porque éste produce pureza. Los juegos se acabaron mi querido amigo. Él lo llama.

¿Podría ocurrir que rehusemos entrar en la nube de la presencia de Dios, porque sabemos que Él va a escudriñar nuestros corazones, y conocemos de antemano lo que va a encontrar allí? Tenemos que tratar no sólo con nuestras acciones exteriores; también tenemos que hacerlo con nuestros motivos internos. Debemos estar limpios cuando nos acercamos a Dios, porque Él no puede revelar su rostro a una Iglesia impura. Podría ser destruida en un instante.

El Señor llama hoy a las personas que anhelan un verdadero avivamiento, para alcanzar un nivel de transparente pureza. Es a *usted* a quien Él desea, y a quien quiere alcanzar. Él quiere que se acerque pero, en consecuencia, si lo hace, Él tendrá que tratar con su vida. Eso puede significar sólo una cosa: Tendrá que morir. Este es el mismo Dios que en el pasado le dijo a Moisés: "No podrás ver mi rostro; porque no me verá hombre, y vivirá." Así que recuerde pasar por el altar del perdón y del sacrificio en su camino hacia el Lugar Santísimo. Es tiempo de que depongamos nuestro ego al pie de la cruz, que crucifiquemos nuestra voluntad y que desechemos nuestras agendas.

Dios lo llama a un más alto nivel de compromiso. Olvide los planes que ha elaborado para sí mismo, ofrézcase en sacrificio en el altar de Dios y deje que su ego muera allí. Ore y pregúntele a Dios: "Señor, ¿qué quieres que yo haga?" Es tiempo de dejar todo a un lado y de cubrirse con la sangre del Señor. Nada vivo puede permanecer en su presencia. Pero si usted muere, Él lo hará vivir de nuevo. Así que todo lo que debe hacer es morir a sí mismo, si quiere entrar realmente en su presencia. Cuando el Apóstol Pablo escribió: "Os aseguro hermanos... que cada día muero," lo que quiso decir fue: "Cada día entro en la presencia de Dios." (Ver 1ª de Corintios 15:31b) ¡Corra, pero hacia adentro, no hacia afuera!

Notas Finales

1. Ver 1ª de Pedro 2:9

2. Permítame apresurarme a agregar que mis afirmaciones aquí no significan que yo sienta o crea que la Biblia es innecesaria, o irrelevante, o cualquier otra cosa inferior a la infalible y ungida Palabra de Dios. Mi propósito aquí es prevenir a los cristianos contra la práctica de leerla con la perspectiva o la óptica de "tiempo pasado." No diga: "Mire lo que Dios hizo *en el pasado con aquellas personas.* Lástima que no lo hace hoy con nosotros." La Palabra de Dios es un mapa que nos muestra el camino hacia algo más grande: *Al Dios de la Palabra.* A veces pienso que casi caemos en idolatría cuando estamos inclinados a adorar la Palabra de nuestro Dios, más que al Dios del cual habla la Palabra.

Capítulo 6

Cómo tratar con lo santo

De la unción a la gloria

*"¿Baja usted su cabeza en silenciosa reverencia
cuando entra a una iglesia corriente? Me sentiré
sorprendido si su respuesta es sí."*
A.W. Tozer

Mi vida cambió para siempre durante un fin de semana de Octubre en la ciudad de Houston, Texas, cuando la presencia de Dios invadió la atmósfera como un rayo y partió en dos el púlpito en el servicio del Domingo. Jamás olvidaré cuando le dije a mi amigo el pastor: "Sabe, *Dios pudo haberlo matado.*" Yo no reía cuando le dije estas palabras. Es como si Dios hubiera dicho: "Yo estoy aquí y quiero *respeto* para mi presencia." Un cuadro de la tumba de Uzías irrumpió en mi mente en ese momento.

Nosotros no sabíamos lo que pediamos cuando dijimos que "queríamos a Dios." Yo sé que creíamos saberlo, pero no era así. Cuando Dios se manifestó de veras, ninguno de nosotros estaba preparado para la realidad de su presencia. Como lo mencioné en el primer capítulo, ese día hubo muy poca predicación, pues no tuvimos otra alternativa. Dios se posesionó de nuevo de su Iglesia por un período de tiempo y no permitió ninguna cosa que Él no ordenara en forma específica para dicho servicio.

El grueso manto de su tangible presencia era tan denso, que yo alcancé una comprensión "cercana y personal" del significado del relato bíblico que dice:

> Y cuando los sacerdotes salieron del santuario, la nube llenó la casa de Jehová.
>
> Y los sacerdotes no pudieron permanecer para ministrar por causa de la nube; porque la gloria de Jehová había llenado la casa de Jehová. (1º de Reyes 8:10-11)

Dios se manifestó en forma tan repentina y con tanta fuerza dentro del templo de aquella iglesia, que estábamos temerosos de hacer cualquier cosa a menos que Él nos diera instrucciones específicas. Su presencia siempre estuvo allí, desde luego, pero no la intensa presencia manifiesta que experimentamos en aquellos momentos. Lo único que hicimos fue sentarnos temblorosos. Temíamos hasta de recoger una ofrenda sin el permiso del Señor. Nos preguntábamos el uno al otro: "¿Crees que sea correcto tomar una ofrenda? ¿Crees que debemos hacer esto? ¿Qué piensas de aquello?

Reverencia por lo santo

¿Por qué dudábamos de actuar como la mayoría de las veces? En ese momento éramos *novatos en el trato con lo santo*. (¡Todavía lo somos!) He notado que en el comienzo de las visitaciones de la presencia manifiesta de Dios, Él llega inesperadamente y sin aviso. Pero en las subsiguientes manifestaciones sólo viene por invitación, (por hambre manifiesta). El elemento crucial de todo el asunto es: ¿Quiere usted realmente que Él venga? ¿Está dispuesto a pagar el precio de ser alguien que busca a Dios con ahínco hasta alcanzarlo? Entonces tendrá que aprender cómo tratar, reverenciar y ser anfitrión, en forma apropiada, de la santidad de Dios.

A.W. Tozer estaba muy preocupado por nuestra pérdida de santidad en la Iglesia. Notaba que la Iglesia promedio perdía ese sentido de lo sagrado en los servicios de adoración, y se afligía. Para él la falta de reverencia significaba que la gente no creía en la presencia de Dios como una realidad en su iglesia. (Y probablemente no lo era) Tozer observaba que el deseo y el anhelo de una vida espiritual profunda, era derrotado por el secularismo mundano. Un ambiente de esta naturaleza no produce un avivamiento. Tozer creía que, como resultado de esta situación, Dios podría en realidad buscar otra alternativa si la Iglesia no se volvía a Él, en busca de una relación íntima y no tan solo de las "baratijas"[1] que puede obtener de Él.

Yo entiendo ahora porqué los sacerdotes de la antigüedad decían a sus compañeros: "Ata una cuerda a mi tobillo porque voy a entrar al lugar donde habita la presencia de Dios. Yo me he preparado para estar listo, pero tengo temor reverente hacia Dios." Yo no le temo a Dios; yo lo amo. Pero sí tengo ahora un profundo respeto por la Gloria y por las cosas suyas que son santas que, confieso, no tenía antes.

Me era fácil manejar la unción, pero ahora yo sé que ella es algo sagrado. En la mayoría de las veces, cuando ministro, tengo buen cuidado de orar antes y de mencionar dos peticiones en mi oración: Hago una oración de acción de gracias y digo: "Gracias Señor por visitarnos." Y la segunda parte es: "Por favor, quédate Señor."

En el caso que narra el Segundo Libro de los Reyes en el capítulo 4, de la mujer estéril que preparó el cuarto de los profetas para Elías, ella fue recompensada con el nacimiento de un hijo. Cuando Satanás quiso llevárselo en una muerte prematura, Dios envió al Profeta para resucitarlo. Satanás no puede robar lo que Dios ha hecho nacer, pero Dios sólo hace nacer, donde *la gente ha preparado espacio para el milagro,* por la fe. Por eso es que soy cuidadoso en agradecer al Señor por su venida, y luego le digo que *hicimos provisión para Él,* para que vuelva otra vez. "Señor, vamos a estar aquí adorándote el Miércoles, el Jueves y el Viernes. Nuestro único propósito es alabar tu Nombre y buscar tu rostro bello y cariñoso." Por la fe, yo creo que Dios nos visitará otra vez. He aprendido en su Palabra que cuando Él visita a alguien, nacen cosas nuevas y preciosas. Y aun si Satanás procura matarlas, ¡Dios moverá cielo y tierra para dar vida de nuevo a lo que Él ha hecho nacer!

Necesitamos aprender a tratar lo santo de Dios con mayor ternura y sensibilidad. Recordar que "lo bueno" puede convertirse con rapidez en el peor enemigo de "lo mejor." Si quiere lo mejor de Dios, sacrifique lo que piensa que es bueno y aceptable. Si usted y yo descubrimos lo que es aceptable para *Él,* "lo mejor," entonces la promesa de la visitación se convertirá en realidad.

Pienso que nos hemos vislumbrado de lo que Dios hace. *Él se dirige a su posición.*

Vamos hacia donde reside la Gloria de Dios

El capítulo 13 del primer libro de las Crónicas, nos dice que después de haber sido coronado como Rey de Israel y tras derrotar a los Filisteos, David decidió llevar otra vez el Arca del Pacto a Jerusalén. Esto significaba "mover a Dios" en el sentido de que la habitación de la manifiesta presencia de Dios en el Antiguo Testamento, era movida, mudada o trasladada, de su lugar interino de descanso, al verdadero *lugar de residencia de su Gloria.* Dios quiere mudarse a su verdadero lugar de descanso. De Jerusalén se dice que es sombra y tipo de la Iglesia. El Apóstol Pablo habló de ella y dijo que "está por encima" como la "madre de todos nosotros," se refiriere en forma alegórica a la Iglesia. (Vea Gálatas 4:26) Este es un retrato de la Iglesia, la ciudad espiritual de residencia de Dios. Él quiere que su Gloria permanezca en ella, donde todo el mundo pueda verla.

En algunos tiempos, la Gloria de Dios, su *kabod* (o "fuerte presencia") fue movida de su lugar correcto por causa del pecado y la indiferencia del hombre. El nieto del anciano sacerdote Elí permanece a través del tiempo como un hito o una demostración de la ausencia de Dios en los planes del hombre. Cuando la madre del recién nacido yacía moribunda, dijo a las mujeres que estaban a su lado que el niño se llamaría *Icabod* que significa literalmente "la gloria ha partido." Su trabajo de parto comenzó momentos después de que supo que el Arca de Dios había sido tomada en batalla por los Filisteos, y que su esposo Finees había muerto. Los hijos de Elí, Ofni y Finees habían pecado contra Dios, ¡aún mientras desempeñaban sus tareas sacerdotales delante del Señor! (¿No es este *todavía* el mismo caso de incontables ministerios en la actualidad? Bien podría esperarlos el mismo destino: su legado podría ser recordado bajo el nombre de "Icabod, la gloria ha partido.")

En los siguientes 20 años, aproximadamente, transcurridos después de la pérdida del Arca del Pacto, el rey Saúl jamás demostró ningún interés en traerla a Jerusalén, pero el sentir de David fue diferente. Él tenía una ardiente pasión por ver restaurada la presencia de Dios en su lugar apropiado en Jerusalén. Quería vivir bajo la sombra de la Gloria del Señor.

La Iglesia ha "jugado a ser iglesia" por demasiado tiempo. Es hora de que alguien se pare y diga: "¡La era de Saúl terminó!." Saúl era un rey según la carne; David era rey según el Espíritu. Saúl fue escogido porque "no había otro más hermoso que él, y de hombros arriba sobrepasaba a cualquiera del pueblo," (es decir que llenaba los requisitos de apariencia exterior) y "parecía" ser el hombre indicado. Fue elegido rey sólo porque el pueblo presionó al Señor para que les diera "el mejor después del primero." Muy pronto Saúl perdió el mandato de Dios para gobernar, cuando quiso complacer con sus acciones a los hombres, en vez de agradar a Dios. No hay lugar para un político en la mayordomía de Dios. Como hijos suyos, contamos con un "público" para complacer, compuesto de una sola persona: Aquel que nos creó para su propio placer.

David en cambio fue un rey escogido por Dios, un hombre que durante toda su vida se preparó a través de una íntima relación con el Señor. Cuando Dios arrancó el reino de manos de Saúl para dárselo a David,[2] éste dijo en esencia con sus acciones: "No vamos a buscar más al Señor por medios carnales." Cuando personas como usted y yo nos levantemos y declaremos nuestras intenciones, decididos en la búsqueda de Dios, la Iglesia no será más la misma.

Las apariencias ya no importan

Vemos templos con torres imponentes a través de todo Norteamérica, pero a pesar del llamativo rótulo que lucen en sus hermosas entradas, el Señor no es bienvenido en esos lugares. ¿Por qué? Porque sus programas, su dignidad, y su prestigio ante los hombres, son para ellos más importantes que la presencia de Dios. Sin embargo, Dios ha comenzado a enviar la lluvia de su gracia y de su misericordia, y aunque sea despacio, su pueblo sediento ha cambiando. Ya no se impresiona por la imponente apariencia de un edificio, o por la factura profesional de un programa humano. Ahora busca a Dios. Anhela el *Arca* de Su presencia de nuevo en la Iglesia.

Quizá su situación es igual a la mía hoy. He asistido a demasiados servicios de iglesias que carecen del arca. He soportado demasiados coros sin vida y sin poder. ¡Estoy cansado aún de mi propio ministerio! He predicado muchos sermones que podrán ser ungidos, pero que no llevan a la presencia de Aquel a quien todos anhelamos. Tal vez yo hacía lo mejor que sabía, pero me limité resignado a olfatear débilmente su fragancia, a obtener una mera insinuación de lo inmensurable, lo mejor y lo más poderoso.

Todo lo que logré bajo la unción fue un poco de humo en el lado equivocado del velo, cuando lo que anhelaba en realidad era deslizarme por debajo de Él y contemplar la Gloria de Dios al otro lado. Yo estoy agradecido por la unción, pero ahora sé que Dios posee aún mucho más para nosotros: *Él mismo.* Me esforcé y laboré por décadas en el ministerio, pero ahora he descubierto que cuando la densa presencia de Dios viene, todo lo que hago palidece comparado con lo que Dios hace. Cuando Dios entra en escena con su presencia manifiesta, todos, santos y pecadores, ricos y pobres, sabios e ignorantes, jóvenes y viejos, *todos* se postran en temor reverente ante su Gloria. Debemos ir más allá de pedir la unción y buscar su manifiesta presencia, la *Gloria* misma de Dios. La unción capacita y da poder a la carne: usted predica o canta mejor. ¡La "Gloria" abate la carne! ¡Busque la Gloria!

David recordaba su íntima comunión con Dios en los campos de su padre. Rememoraba sus encuentros sobrenaturales con el Señor como un joven y humilde pastor que enfrentaba osos, leones, y hasta al más poderoso guerrero filisteo. Muchos años después, como el recién coronado rey, tanto de Judá como de Israel, David efectuó su primer movimiento para realizar su sueño:

> *Entonces* (David) *dijo a toda la asamblea de Israel: Si ustedes lo aprueban y si el Señor nuestro Dios nos abre camino, enviemos por nuestros parientes que han quedado en todos los distritos de Israel, y también por los sacerdotes y levitas en las aldeas y ciudades en donde ellos tienen tierras en común, para que se reunan con nosotros.*
>
> *Y vayamos y traigamos el Arca de nuestro Dios, porque mientras Saúl vivió, jamás acudimos por ella.* (1º de Crónicas 13:2-3, La Biblia en Inglés Revisada, REB[3]).

Los "Saules" y la carne han procurado hacer las cosas a su manera durante mucho tiempo. Gracias a Dios por los pastores y por las iglesias que mantienen suficiente hambre de la presencia de Dios, hasta el punto de dejar todas las cosas de lado y decir: "Quizá tenemos un hermoso edificio, tal vez tenemos un tabernáculo, *¡pero necesitamos a Dios!* Muchas veces Israel tenía los adornos de Dios pero no a *Él.* Los Judíos de los tiempos de Jesús guardaban el tabernáculo, realizaban cada sacrificio ritual a la perfección, seguían todas las normas de la ley, y mantenían el sacerdocio levítico que funcionaba todo el tiempo, pero *el Arca del Pacto se encontraba lejos.* A veces me pregunto si el velo dividido no revelaba también el vacío de la religión desviada del camino. El rasgamiento reveló que el Lugar Santísimo estaba vacío.(Los sacerdotes y líderes religiosos no entendieron el secreto de que el velo había sido rasgado por una lanza romana, en una colina no muy distante del templo)

Toda la actividad religiosa se efectuaba fuera del velo, mientras detrás había sólo vacío y silencio. A veces usted se da cuenta de que algo falta y emprende una jornada para llegar al "Arca." *Los fariseos jamás quisieron admitir que ellos no lo supieran ni lo tuvieran todo.*

> *Entonces David reunió a todo Israel... para que trajesen el Arca de Dios de Quiriat-jearim.*

> *Y subió David...**para pasar de allí el Arca de Jehová Dios,** que mora entre los querubines, sobre la cual su nombre es invocado.* (1º de Crónicas 13:5-6)

En los días de David, si alguien quería la Gloria de Dios, se acercaba al Arca del Pacto, que se encontraba todavía en la casa de Abinadab, en Quiriat-jearim. Allí fue dejaba por los aturdidos israelitas de Betsemes, después de que más de 50.000 de ellos habían muerto a consecuencia de su mal manejo. Ellos murieron porque miraron dentro del Arca sagrada en donde habitaba la presencia de Dios, como si fuera una caja común y corriente. Tuvieron la osadía de abrirla y de mirar adentro como si fuera nada más que una bonita caja de juguete. Veinte años más tarde, David realizó una peregrinación de aproximadamente 25 kilómetros para encontrar la Gloria ausente.

> *Pusieron el Arca de Dios sobre un carro nuevo, y la llevaron de la casa de Abinadab, que estaba en*

el collado; y Uza y Ahío, hijos de Abinadab, guia-
ban el carro nuevo.

Y cuando lo llevaban de la casa de Abinadab,
que estaba en el collado, con el Arca de Dios, Ahío
iba delante del Arca.

Y David y toda la casa de Israel danzaban de-
lante de Jehová con toda clase de instrumentos de
madera de haya; con arpas, salterios, panderos,
flautas y címbalos.

Cuando llegaron a la era de Nacón, Uza exten-
dió su mano al Arca de Dios, y la sostuvo; porque
los bueyes tropezaban.

Y el furor de Jehová se encendió contra Uza, y
lo hirió allí Dios por aquella temeridad, y cayó allí
muerto junto al Arca de Dios.

Y se entristeció David por haber herido Jehová
a Uza, y fue llamado aquel lugar Pérez-uza, hasta
hoy.

Y temiendo David a Jehová aquel día, dijo:
¿Cómo ha de venir a mí el Arca de Jehová?

De modo que David no quiso traer para sí el
Arca de Jehová a la ciudad de David; y la hizo
llevar David a casa de Obed-edom geteo. (2º de
Samuel 6:3-10)

David y su equipo de hombres procuraban manejar la
santa presencia y la Gloria de Dios con manos humanas.
¿Cómo maneja usted la santidad y la Gloria de Dios? Dios
le permitirá hacer las cosas a su manera hasta cierto punto. He oído decir que la Caravana de David "tropezó con
una protuberancia en el camino irregular y disparejo."
¿Quién puso ese montículo en el camino?, –se pregunta-
ban. ¡Parece que hubiera sido Dios mismo! Y Él tiene todavía una manera de provocar choques en la amplia avenida
del razonamiento humano. Así nos vemos forzados a re-
tardar el paso y a preguntarnos: ¿Estoy haciendo lo correcto?

El tropiezo en el camino

Los problemas de David surgieron cuando él y su grupo quisieron hacer caso omiso del tropiezo en el camino. El Señor jamás ha planeado que su Gloria cruja sobre los mecanismos, los vehículos o los programas humanos. Él ha ordenado que su Gloria sea siempre transportada por vasos humanos santificados o separados, que respeten y reverencien su santidad.

Los hijos de Abinadab habían pasado 20 años alrededor del arca. Para ellos era una caja o un cofre ornamental ordinario. Probablemente fue un honor para ellos haber sido escogidos para conducir la carreta que debía transportarla, pero ninguno de estos dos jóvenes estaba preparado y no sabían nada de las antiguas advertencias en relación con la santidad de Dios. Cuando el cortejo de David llegó al lugar del camino en donde el arca de Dios sería sacudida, los bueyes tropezaron y Uza extendió su mano y agarró el Arca para estabilizarla. El nombre de Uza significa literalmente "fortaleza, osadía, majestad, seguridad."[4] La presencia de Dios jamás necesita de la asistencia o la dirección o la osadía del hombre para sostenerse en el lugar apropiado. Ni Dios permitirá al brazo de la carne gloriarse en su presencia sin enfrentar la muerte.

La Gloria de Dios "quebrantó" la carne que se acercó a ella en estado viviente y Uza murió instantáneamente. *Solo los muertos pueden ver el rostro de Dios,* y sólo quienes en arrepentimiento han muerto para sí mismos pueden tocar su Gloria.

Pienso que ninguno de nosotros ha visto funcionar la Iglesia como lo hacía la iglesia de Jerusalén, según lo vemos en el libro de los Hechos. La muerte de Ananías y Safira por mentirle al Señor, descrita en Hechos capítulo 5:1-11, debería ser re-examinada por la Iglesia de nuestros días. Ese mismo Espíritu comienza a visitar la Iglesia de hoy, y sus normas de santidad no han cambiado. Cuando la Gloria de Dios descendió en aquella joven iglesia que he mencionado, produjo temor en la gente, pero también trajo el poder obrador de milagros, el cual se manifestó con señales y maravillas, y atrajo a muchas personas que se añadieron a ella. (Hechos 5:11-16)

¿Cuál fue la razón para que esto ocurriera? El hecho de que los líderes que se sometieron al Señor fueron inundados con su poder y su autoridad. (¡Usted no tiene nada que temer de "Papá" si no hizo nada malo mientras él estaba ausente!)

Tan pronto como la presencia de Dios se manifestó sobre nosotros en pequeñas cantidades de su Gloria, comenzamos a formularnos las mismas preguntas que David quizá se planteó cuando vio cuán serio era eso de ser el encargado de cuidar de la manifiesta presencia del Señor. Comenzamos a preguntarnos: "¿En realidad debemos ser nosotros quienes cuidamos de su sacra presencia?" Yo recuerdo que repetíamos una y otra vez: "¿Por qué yo, Señor?" David, el Salmista de las colinas y el guerrero de Dios, descubrió repentinamente otra faceta del carácter del Señor para él desconocida. Sin duda, nadie en Israel había visto este aspecto de Dios. Y es triste decirlo, pero la Iglesia hoy tampoco lo conoce.

David decidió cancelar el viaje a Jerusalén y apartarse a un lado, para dejar la Presencia que él ahora temía, en el hogar de Obed-edom, en cercanías de Gat (anterior fuerte de los Filisteos). El Arca permaneció allí por tres meses, y el Señor bendijo a Obed-edom, a su familia, y a todo lo que era suyo.

¿Por qué David tropezó, igual que los bueyes cuando tiraba del carro? Él se sentía conmovido. Cumplió con todo lo que sabía que debía hacer, de la manera más respetable. (De hecho los métodos de David no eran diferentes a los utilizados por los *filisteos* años atrás para transportar el Arca a territorio israelita, según el relato de 1º de Samuel 6:7).

David encabezaba la procesión con danzas alrededor de la carreta, junto con el resto de la gente, mientras muchos otros tocaban instrumentos y cantaban. Como era obvio, él creyó que Dios estaba complacido con sus esfuerzos de ese día.

Ellos constituían una pequeña y feliz "iglesia" que llevaba la presencia de Dios al lugar donde pertenecía. Entonces tuvieron un santo tropezón en el camino, en el bronco terreno de *Nachon,*una palabra Hebrea que irónicamente significa "preparado."[5] La verdad es que ellos no estaban preparados. Cuando Uza casualmente extendió su mano para estabilizar el "cofre de Dios," y evitar así que cayera desde el vehículo humano, Dios pareció decir: "Miren, hasta aquí les permito llegar con su autosuficiencia. Ya es suficiente. Si realmente quieren mi presencia de regreso a Jerusalén, entonces van a tener que hacerlo a mi manera." Entonces derribó y le dio muerte a Uza en el sitio mismo de su temeridad y detuvo en su ruta el desfile de David. *Dios irrumpió fuera de su cofre y desbarató los planes del hombre* aquel día. Le tomaría a David tres meses recobrarse, arrepentirse, investigar, y regresar por la Gloria de Dios. Lo mismo ocurre en el día de hoy cuando tenemos un encuentro con la manifiesta Gloria del Señor.

Con demasiada frecuencia extendemos nuestras manos en carnal engreimiento o soberbia para detener a Dios, a quien hemos mantenido confinado en un cofre para evitar que se salga de nuestro humano y maltrecho programa ministerial o de nuestra tradición. No debería sorprendernos cuando la Gloria de Dios rompe el cajón de nuestras doctrinas o de nuestras tradiciones y nos da una buena sacudida. Siempre muere algo cuando la Gloria de Dios se encuentra con la carne.

David cambió sus planes y métodos debido a la grandiosidad de la presencia de Dios que de repente comenzó a comprender. Un pensamiento llegó a él: *Esta no es una cuestión de poca importancia. ¿Qué estamos haciendo? ¿Soy yo realmente la persona indicada para esto?*

¿Quiere usted pagar el precio?

Es allí precisamente donde la Iglesia se encuentra en este momento crucial de los últimos tiempos. Hemos alcanzado el punto en este *mover de Dios*, en el cual procuramos transportar la Gloria otra vez al lugar que ella pertenece, o donde debe estar. Nos hemos metido por el trayecto escarpado del camino donde ocurren los tropezones de Dios. Es tiempo de preguntarnos: "¿Somos de verdad los indicados? ¿Queremos en realidad lograrlo? ¿Estamos dispuestos a pagar el precio, y a obedecer la voz de Dios cueste lo que cueste? ¿Queremos aprender de nuevo cómo tratar y manejar las cosas santas de Dios?"

Debo advertirle que la Gloria de Dios, su manifiesta presencia, puede, literalmente, partir a la gente en las iglesias locales tal como "partió" el cuerpo de Uza. Un pastor piadoso debería insinuar a su congregación con amabilidad y diplomacia, y decirles:

"Si ustedes no son serios en esto de buscar el rostro del Señor, entonces deberían buscar otro lugar. Si no se sienten cómodos al esperar la presencia de Dios y experimentar la grandiosidad de su Gloria; si están incómodos con las extrañas y poco usuales manifestaciones que a veces acompañan su llegada, entonces deberían buscar un lugar con menos hambre y quedarse allí. Por mucho tiempo vivimos una Iglesia a nuestra manera, y ya es suficiente. Si ustedes quieren que la Iglesia actúe 'de la misma manera en que Saúl actúo el día de ayer', si se sienten satisfechos con guardar a Dios en su cajón familiar, bien atado y asegurado en sus propios programas y procedimientos humanos, mejor váyanse para otro lugar. Debo advertirles que "el tropiezo en el camino" nos dice que ya no actuaremos de la misma manera."

Es cuando se tropieza en el escarpado suelo de su "ignorancia que se da cuenta: "Esto ya no va a funcionar más de esta manera. Ya no es la forma correcta." Hasta que se dé ese tropezón, tal vez se sentirá muy satisfecho y cómodo con un poquito de danza, algunas arpas pequeñas (que no hagan *demasiado* ruido), una pocas personas que cantan, danzan, y realizan otras actividades conservadoras de vez en cuando. Pero una vez que decide traer de nuevo la Gloria de Dios a su lugar apropiado, está destinado a dar un santo tropezón, cuando la Gloria del Señor aparezca y traiga muerte a la carne en presencia de todos. El verdadero arrepentimiento que conlleva a la muerte de lo carnal, produce temor y es demasiado para ser contemplado por algunas personas.

Aquel día en la pequeña iglesia, cuando me incliné para susurrar a oídos del pastor, *"Dios pudo haberlo matado,"* ambos sabíamos que habíamos llegado al lugar del tropezón en el camino. Dios nos dijo: "¿Hablan ustedes en serio cuando dicen que quieren que yo venga? ¿Me desean realmente? Entonces, tendrán que hacer las cosas a mi manera."

Nadie sabe cómo manejaron el Arca los israelitas cuando la subieron por primera vez a la carreta nueva en la casa de Abinadab, pero lo que sí sabemos es que la trataron diferente después de la muerte de Uza. De algo estamos seguros: *¡Nadie volvió a tocarla!* Guardaban ahora un nuevo respeto por la Gloria de Dios que perduraría por toda su vida. Tal vez dijeron: "Buena suerte Obed. Quizá tú ya sabes que sepultaremos a un hombre hoy porque tocó esa cosa cuando dio un tropezón en el camino. Es mejor que tengas cuidado, Obed-edom."

David se decía a sí mismo: "Yo no sé si realmente quiero tener el Arca en Jerusalén. Podría matarnos." Lo extraño fue que durante los próximos tres meses recibió consecutivos informes de las bendiciones que Dios derramaba sobre la casa de Obed-edom y sobre todo lo que tenía. Según lo cuenta la Biblia, la casa de Obed fue tan bendecida, ¡que todo lo que tocaba era bendecido también! Lo cual parece que incluía sus posesiones, todos los miembros de su familia, y aun a sus parientes lejanos y a los animales de su finca les iba mejor. El dinero fluía por todos lados y eran prosperados. Cuando David quiso confirmarlo con Obed-edom, le contestó:

"Sí, es cierto."

"Bueno, –dice David– ¿y qué es lo que has hecho?"

"Nos hemos cuidado de no tocar esa cosa. No les permito a los chicos que se le acerquen. Pero desde que ustedes descargaron esa caja en el vestíbulo de mi casa, es como si de ella emanaran riquezas, poder y autoridad. Cuando camino por la ciudad, me ocurren muchas cosas inesperadas."

De prisa David reconsideró su posición oficial en relación con el Arca. De pronto fue claro para él lo que la presencia y la Gloria de Dios podrían significar para una *nación,* si habían traído tanta bendición aún a la familia de un humilde campesino. Fue entonces cuando dijo: "Debo regresar el Arca al lugar que pertenece. La llevaré de nuevo a Jerusalén." Cuando David puso el Arca sobre el carro nuevo por primera vez, tenía a "todo Israel" a su alrededor pensando quizá: *¡Qué bien! Dios estará muy complacido de la forma en que actuamos. Mire toda esa gente reunida alrededor del Arca con instrumentos y danzas.*

Como nadie se molestó en consultar la opinión del Señor al respecto, Él tuvo que apagarles la fiesta. "No más. Ni un paso más. ¡Se acabó la fiesta! Ustedes han tropezado con el estorbo Divino en el terreno carnal y aquí es donde la carne no puede más. Hasta aquí llegaron *con los métodos propios.* Si en realidad quieren que mi presencia esté donde debe estar, entonces, de aquí en adelante, hagan las cosas *a mi manera.*"

La segunda vez, David acertó y se dispuso, a diferencia de la primera. Él estudió en la Palabra la historia de cómo Dios se movió en el pasado. ¿Cómo se trasladaba el Arca del Pacto de un lugar a otro en los días de Moisés? Redescubrió el verdadero propósito y la función de los levitas, y del sacerdocio de Aarón. Notó por primera vez, que los misteriosos anillos del Arca eran para asegurarla y transportarla con algunas piezas de madera. "¡Ah, así que *para eso* son esos anillos!" ¡Es sorprendente que Dios "se salga de sus casillas" sólo por dos palitos!

No dé por supuesta la presencia de Dios

Una inmensa cantidad de líderes cristianos, hambrientos de Dios, leen todo lo posible, en busca del tema sobre cómo Dios se ha movido o se ha manifestado en el pasado. ¿Por qué razón? Porque estamos en el sitio del tropezón santo en el terreno escarpado. De alguna manera vivimos la sensación de que si en realidad anhelamos la santidad de Dios y que la plenitud de su Gloria habite en medio nuestro, necesitamos descubrir cómo manejar en forma apropiada lo santo, cómo acercarnos a la Gloria de Dios. Sabemos que aquí es donde toda actitud y todo plan carnal tiene que acabar, pero, ¿cuál es la manera de hacerlo según el deseo de Dios? Nuestra hambre de Dios es demasiado profunda para satisfacerla con una sola comida. Buscamos mucho más que su visitación. Queremos que su visitación se convierta en *habitación*. Queremos su *kabod*, no "Ikabod." Queremos su presencia *permanente* aquí con nosotros.

Estamos en la misma situación del Rey David. Nuestro peligro más grande en este momento es que *los asuntos sagrados se nos conviertan en comunes*. El Arca del Pacto habitó en casa de Abinadab por un largo tiempo, pero la presencia del Señor estuvo allí sólo de una manera limitada. Algunos escritores piensan que Uza se movió desde niño alrededor del Arca y creció junto a ella. Tal vez jugó sobre ella, se sentó sobre ella, o se balanceaba apoyándose en ella, sin pensarlo siquiera. Si esto es cierto, es porque Dios estaba allí en forma muy limitada.

Sin embargo, cuando usted comienza a mover la Gloria de Dios, y a llevarla de nuevo al lugar que pertenece y en donde debe estar, el "sentir" o la manifiesta presencia del Señor comenzará a ser restaurada con cada paso que se da

de acuerdo a su orden Divino. (¿Serían causados los tropezones por el "peso" adicional de la Gloria, por la *kabod* que
estaba siendo restaurada en el Arca?) Usted ya no estará
en capacidad de salirse con la suya en las cosas que solía
dar por supuestas. Si no somos cuidadosos, llegaremos a
permitir que lo sagrado se torne tan común que pensemos
y actuemos en relación con ello como lo hizo Uza con el
Arca: *"Puedo tocarla, ¿se da cuenta? Yo crecí junto a ella.
Es inofensiva.* Llegará el momento en que hayamos tocado
la Gloria de Dios en demasía.

Jamás dé por supuesta la santa presencia de Dios, y
nunca suponga que si nadie llora o se sacude, con manifestaciones o movimientos extraños, con profecías, es porque
Dios no obra. Tenga cuidado cuando ahoga un bostezo de
aburrimiento y de satisfacción personal. Muchos de los
grandes santos en las denominaciones e iglesias históricas, supieron que Dios no siempre se manifiesta a través
de lo visible para el ojo carnal. Ellos nos advertirían con
solemnidad: "No entre aquí en busca de sensacionalismo.
Venga y busque a Dios y de seguro lo encontrará."

Necesitamos vivir con una nueva conciencia de su constante presencia. Yo quiero ser muy cuidadoso para que ella
no se convierta en algo tan común para mí y comience a
pensar que puedo alcanzarla casualmente y tocar su santidad con mi carne en cualquier momento. Yo deseo alcanzar al Señor a cualquier costo, y no permitiré que las cosas
sagradas se me vuelvan comunes. Si usted está comprome-
tido a participar en la visitación y en la permanente habitación de Dios con nosotros, entonces haga conmigo la siguiente oración:

"Señor Dios, Estoy aquí para encontrarme contigo, y quiero aprender a tratar los asuntos santos de tu presencia. Ten misericordia de mí, Señor Jesús."

Una de las primeras cosas que Dios hace cuando "enciende el poder" en su Iglesia es renovar el respeto por ese
poder. Cualquier electricista o cualquier experto en cues-

tiones eléctricas le dirá que antes de extender líneas conductoras de electricidad en una casa, primero tiene que desconectar la energía. ¿Por qué? La mayoría admitirá que ¡han *tocado la energía* antes! ¿Qué ganaron mediante la experiencia? Adquirieron un profundo respeto personal por el poder de la electricidad y sus efectos en un cuerpo sin protección.

Antes de que el Señor manifieste su poder en la tierra, en su misericordia Él restaura primero nuestro respeto y reverencia por su Gloria y por aquello que es santo. Nosotros necesitamos recuperar un respeto personal profundo por el poder de la Gloria de Dios sobre personas no arrepentidas. Y no es que no podamos acercarnos a ella, "utilizarla" o habitar en ella. Pero de la misma manera en que un electricista está capacitado para trabajar con seguridad con crepitantes líneas conductoras de 220 voltios de electricidad, una vez que aprende a respetar su poder, David y los israelitas aprendieron cómo honrar y cómo "manejar" o administrar la Gloria de Dios manifestada en el Arca del Pacto. De hecho, ellos aún tomaron el Arca y la llevaron después a algunas de sus batallas. El Señor nos llama a usted y a mí para que llevemos con nosotros su presencia "a la batalla" cada día, como "arcas vivientes" o tabernáculos del Dios Altísimo. Dios quiere que habitemos en Él en íntima comunión, pero primero, la carne debe morir.

La unción y el poder de la presencia de Dios vendrán sobre nosotros de una manera tan fuerte, que su presencia irá literalmente delante de nosotros en las oficinas, las fábricas, las prisiones y los centros comerciales. Por cuanto este gran avivamiento estará basado en su Gloria y su presencia y no en las obras humanas, no se podrá contener dentro de las cuatro paredes de las iglesias. La Gloria de Dios debe fluir afuera, en el mundo.

Hay otro punto que se debe notar en el segundo intento de David para mudar la Gloria de Dios a su lugar apropiado en Jerusalén. Cuando él llamó a los levitas y a los descendientes de Aarón a las tareas sacerdotales como mayordomos del Arca, antes les hizo una solemne advertencia que es aplicable a cada sacerdote en el Reino de Dios en el día de hoy:

> *Y les dijo* (a los sacerdotes y levitas)*: Vosotros que·sois los principales padres de las familias de los levitas, **santificaos, vosotros** y vuestros hermanos, y pasad el arca de Jehová Dios de Israel al lugar que le he preparado;*
>
> *Pues por no haberlo hecho así vosotros la primera vez, Jehová nuesto Dios nos quebrantó, **por cuanto no le buscamos según su ordenanza.***

(1º de Crónicas 15:12-13)

La palabra Hebrea traducida como "santificar" es *qadash* y significa "separar" o "hacer santo"[6] En otras palabras, tenemos que llegar a ser santos como Él es. ¿Sabe usted cómo enfatizó David a aquellos hombres la importancia de la santificación? Yo pienso que les dijo: "Yo quiero mostrarles la tumba de un individuo que no estaba santificado. Ustedes están a punto de transportar el Arca del pacto que este hombre transportó, así que es mejor que realicen una ceremonia de purificación ahora mismo. Es mejor que limpien sus vidas." Yo sé que el primer hombre encargado de meter una vara por los anillos del arca, se consideró a sí mismo como muerto. Sólo los "muertos vivientes" pueden ser depositarios de la santidad de Dios.

Más valiosa que una Coca Cola

Esta manifestación de Dios que se presenta en toda la tierra, a menudo ha sido marcada, noche tras noche, por la purificación en arrepentimiento. Si le permitimos al Señor que nos lleve a través del proceso *completo* de contrición y quebrantamiento, sin estorbar o apagar su Espíritu, entonces, cuando la *kabod,* la densa presencia del Señor, viene a habitar entre nosotros y sobre nosotros, estaremos en capacidad de llevarla sin temor porque caminaremos en la pureza de Jesús, y nuestra carne estará muerta, cubierta por la sangre del Cordero.

Los antiguos en el movimiento Pentecostal solían hacer cosas de las cuales yo, como joven, acostumbraba a reírme. Yo tengo una tía que "renunció a tomar Coca Cola" cuando buscaba la presencia del Señor en su vida. A ella le gustaba de verdad la Coca Cola, pero una vez oró: "Señor, si tú me visitas *jamás volveré a tomarme otra.*" Dios le aceptó su palabra.

Cuando era niño acostumbraba a mofarme de este hecho y la molestaba mientras agitabs o exhibía ante ella una botella de esa gaseosa. "Hey tía, ¿quieres Coca Cola?" Ella se reía y me contestaba: "No, no quiero." No obstante, esa risa suya me dejaba con el sentir de que *ella sabía algo que yo no sabía*. Ahora bien, desde el primer día de la manifestación de la presencia de Dios en aquella iglesia en Houston puedo decir: "Ahora comprendo, tía linda. Ahora sí entiendo. *Nada es tan valioso y digno de conservar si te impide tener a Dios.*"

Notas Finales

1. A.W.Tozer es uno de mis autores favoritos. Le recomiendo leer *Tozer on Worship and Entertainmente: Selected Excerpts,* compilado por James L. Snyder (Camp Hil, PA: Christian Publications, 1997)

2. Ver 1º de Samuel 28:17

3. *Revised English Bible* (una revisión de *The New English Bible*) (Oxford y Cambridge, Inglaterra: Oxford University Press y Cambridge University Pres, 1989)

4. James Strong, *Strong´s Exhaustive Concordance of the Bible* (Peabody , MA: Hendrickson Publishers, n.d.) **Uzzah** (H5798, H5797). Definición adaptada de la definición original.

5. *Strong´s,* **Nacon** (H5225).

6. *Strong´s* **qadash** (6942).

Capítulo 7

Él lo ha hecho antes;
lo puede hacer otra vez

¡Envía la lluvia Señor!

Queremos que Dios cambie el mundo. Pero Él no puede cambiarlo sin antes cambiarnos a nosotros. En nuestro estado o situación actual, no estamos en capacidad de *afectar* a nada ni a nadie. Pero si nos rendimos y nos sometemos al Maestro Alfarero, Él nos transformará, y nos convertirá –a todos nosotros– en las personas que necesita que seamos. Él podrá rehacer muchas veces la vasija carnal que somos nosotros, pero si nos sometemos al toque del Alfarero nos puede convertir en vasijas de honor, de poder y de vida. Después de todo, ¿no fue Él quien convirtió a ignorantes pescadores en transformadores del mundo, y a odiados recaudadores de impuestos en intrépidos revivalistas? *¡Si Él ya lo hizo antes, lo puede hacer otra vez!*

Yo quiero romper las "reglas" corrientes en la escritura de libros cristianos y pedirle que ore conmigo en este preciso momento, al leer la primera página de este capítulo. Este libro fue escrito para ayudarle a introducir la presencia de Dios a su vida, a su familia y a su iglesia. Podrá parecer tonto, pero quisiera que coloque la mano sobre el corazón y eleve conmigo en este momento la "oración del barro":

"Padre, te doy gracias por tu presencia. Señor, el aire está impregnado de la posibilidad y sentimos tu cercanía. Pero tenemos que decir que no estás lo suficientemente cerca. Ven Espíritu Santo. Si no ahora, ¿cuándo? Si no a nosotros, ¿a quién? Y si no aquí, ¿en dónde? Tan solo dínoslo Señor, e iremos; buscaremos tu presencia porque te queremos Señor. Tu presencia es lo que buscamos y no estaremos satisfechos con menos."

Algo ocurre en el cuerpo de Cristo. Más y más de nosotros nos rehusamos a jugar los antiguos juegos religiosos. Algo como un espíritu guerrero se levanta en nuestro interior y nos urge a conquistar territorios en el Nombre del Eterno. Sé que he recibido en mi vida un mandato del Señor de derramar mi vida en las ciudades en donde tengo la percepción de que Dios planea derramar su Espíritu en los días que están por venir.

Estoy en procura de lugares en donde Dios "se está manifestando." Ya he descrito como el Señor "se manifestó" en la ciudad de Houston (y lo menciono simplemente porque tuve el privilegio de estar presente cuando Dios irrumpió en la escena). Me he sentido dirigido a participar en reuniones continuas por más de un año en algunos lugares, y ocurren situaciones increíbles. Todavía tenemos un largo camino por recorrer, pero en cada ciudad efectuamos algo con un profundo significado espiritual en este mover de Dios.

Quiero ver una contagiosa irrupción de Dios como se vio con Charles Finney, con Jonathan Edwards, con Roberts y compañía, cuando regiones completas fueron barridas hacia el Reino de Dios.

Estoy en procura de ciudades enteras

Estoy en busca de las ciudades. Mi interés no es tan solo predicar en las iglesias a gente cristiana. Mi meta son las ciudades enteras habitadas por personas que no conocen a Jesús. En una ocasión, mientras predicaba en una conferencia con Frank Damazio en Portland, Oregon, le escuché mencionar algo que capturó al instante mi atención. Dijo que un grupo de pastores en el área de Portland se había unido para fijar en el terreno algunas estacas o mojones, en lugares estratégicos alrededor del perímetro de su región y de la ciudad, y en cada intersección de vías importantes. El proceso les tomó horas porque ellos además oraron sobre esas estacas o mojones que eran símbolos físicos que señalaban una declaración espiritual, y una línea de demarcación.

Yo sentí la conmoción del Espíritu Santo, así que dije: "Frank, si tú suministras las estacas, entonces yo iré a las ciudades a las cuales me siento llamado para ayudar a los pastores a demarcar su territorio para Dios." Luego comencé a pedirle al Señor en oración: "Señor, dame algún precedente para que pueda entender lo que tú haces aquí. Entonces sabré por qué me has dado esta impresión en mi corazón."

Irónicamente esta conmoción del Señor vino sobre mí más tarde en California, y se me recordó que California fue el sitio de la gran "fiebre del oro." Dondequiera que existía la posibilidad de encontrar oro, los exploradores elegían un lugar del terreno en donde pensaban que podría existir el precioso metal y clavaban una estaca u horcón, hacían una "reclamación formal" de propiedad. Algunos lotes eran más valiosos que otros debido a lo que había *bajo el suelo*. Si alguien quería reclamar un lote de terreno en esos días, clavaba una estaca y lo demarcaba. Sobre ella un pedazo de tablilla llevaba su nombre y una descripción preliminar y somera del área que reclamaba. Luego, el terreno era inspeccionado y registrado formalmente, pero hasta entonces, una reclamación de propie-

dad hecha mediante este procedimiento era tan válida como
tener una escritura y producía los mismos efectos legales y
judiciales en aquel entonces. Si alguien entraba a disputar
su propiedad y su posesión, el "dueño" iba a aquel lugar
del terreno donde estaba la estaca, y mostraba su nombre
y las dimensiones someras de la tierra que había reclama-
do y decía: "¿Ve? Yo la reclamé como lo estipula la ley. Estoy en el proceso de posesión y ocupación, pero esta reclamación mediante estaca es prueba de que la tierra ya es
mía por ley."

Pastores y congregaciones que han echado raíces en una
ciudad o región, tienen un "derecho legal" ante Dios de
reclamarlas para el Reino de Dios, mediante el procedimiento de "estacar" o demarcar su territorio.

En el pasado, muchos de nosotros nos hemos contentado con mantener y vivir la fe dentro de las cuatro paredes
de los templos y lugares de reunión. Ahora, el Señor nos
llama a extender y difundir nuestra fe, más allá de los límites de nuestras ciudades y naciones. De hecho extendemos las "paredes" espirituales de las iglesias cuando demarcamos y reclamamos las ciudades o regiones. Eso nos
obliga a mirarnos como "la Iglesia" en la ciudad; un pueblo, una Iglesia integrada por muchas congregaciones, de
acuerdo al patrón o modelo de la "iglesia urbana" del primer siglo.

Nosotros hacemos estacas u horcones reales de madera
con cuatro lados en los cuales escribimos las palabras "Renovación, Avivamiento, Reconciliación," junto con pasajes
de la Escritura que sirven de soporte y apoyo. Se perfora
un hueco o cavidad en la mitad de la estaca e insertamos
en ella una proclamación escrita. En conjunto, hay alrededor de 20 versículos bíblicos en las estacas y proclamacio-
nes, pero uno de ellos está en Isaías capítulo 62, el cual
dice:

> *He aquí que Jehová hizo oír hasta lo último de*
> *la tierra: Decid a la hija de Sion: He aquí viene tu*

Salvador; he aquí su recompensa con él, y delante de él su obra.

Y les llamarán Pueblo Santo, Redimidos de Jehová; y a ti te llamarán **Ciudad Deseada, no desamparada.** (Isaías 62:11-12)

Arrepentirse, suplicar y resistir

La proclamación escrita que contiene cada estaca clavada en el terreno de estas ciudades, contiene la siguiente declaración hecha por los representantes legales de Dios en esa ciudad:

"Sobre el fundamento de la Escritura, yo me levanto aquí en representación de los líderes de esta ciudad, y representando a los pastores de otras ciudades, quienes deseamos hacer tres cosas: arrepentirnos, suplicar y resistir.

Nos **arrepentimos** y pedimos al Señor que perdone los pecados cometidos en esta provincia y en esta región y específicamente en esta ciudad. Pedimos perdón por los pecados de la corrupción política, de los prejuicios raciales, de perversiones morales, de hechicería, ocultismo e idolatría. Rogamos que la sangre de Jesús limpie nuestras manos del derramamiento de sangre inocente.

Pedimos perdón por las divisiones en la Iglesia, por el pecado de orgullo, por los pecados de la lengua y por cualquier cosa que haya dañado a la causa de Cristo. Nos arrepentimos y nos humillamos para suplicar que la misericordia de Dios sea derramada sobre nuestra tierra, comunidad e nuestras iglesias.

Suplicamos, pedimos que el Reino de Dios venga, y que su voluntad se cumpla en esta ciudad. Pedimos en el Nombre del Señor Jesús un derramamiento de gracia, misericordia y fuego, para que un verdadero avivamiento espiri-

tual venga y cubra la comunidad, y vuelva a la
gente hacia Dios, quebrantada, limpia y humilde. Pedimos que el destino de esta ciudad no
sea abortado. Te pedimos Señor que visites esta
ciudad, nuestras iglesias y hogares. No los dejes
de lado. Te pedimos la restauración de los fundamentos de justicia aquí.

También **resistimos** por fe, sobre el fundamento de nuestra sumisión y nuestro someti-
miento a Dios, las obras del diablo, así como las
fuerzas, todas las fuerzas y todos los poderes del
mal que se han apoderado de esta ciudad. Resistimos al espíritu de maldad que ha establecido
fortalezas. Los lugares de las tinieblas, las obras
ocultas de la oscuridad, los lugares de ocultismo y el misterio, en los que el enemigo ha acam-
pado. Invocamos el Nombre del Señor para destruir todo tipo de fortalezas espirituales . Nosotros proclamamos en este día que esta ciudad, y
especialmente esta región, están ahora bajo el
poder y la posesión del Espíritu Santo. Todos
los demás espíritus quedan notificados y desalo-
jados de esta propiedad por el poder del Nombre
del Señor Jesús. Nos paramos en la brecha y levantamos una cerca de protección alrededor de
esta ciudad."[1]

En las relaciones y negocios naturales, antes de com-
prar una propiedad, tiene que inspeccionarla, demarcarla
y determinar *si está dispuesto a pagar el precio* para po-
seerla. Cuando demarcamos nuestras ciudades como pueblo de Dios, declaramos en efecto una guerra abierta contra el reino de satanás. Nuestros actos son de audaz agre-
sión hacia el reino de las tinieblas, sin dudar ni presentar
disculpas. Le decimos al diablo: "¡Hemos declarado esta
guerra delante de Dios, y ahora te decimos que nos toma-
remos la ciudad!"[2]

Una palabra del Señor vino a mí en relación con los "antiguos pozos" que se aplica tanto a las ciudades como a las denominaciones e iglesias más antiguas. Dios va a re-excavar o a destapar los *primeros* pozos antes de que los nuevos pozos artesianos sean abiertos. En Génesis capítulo 26 se nos dice que Isaac hizo que sus hombres re-excavaran y abrieran de nuevo los pozos originales que su padre Abraham había excavado muchos años atrás en el Valle de Gerar. Aunque los enemigos de su padre los habían tapado después de su muerte, Isaac todavía los llamó por sus nombres originales. Encontró tanta agua que constantemente tuvo que batallar con los invasores filisteos, y finalmente se mudó a Beerseba, que significa "el pozo del juramento." Fue allí donde Jacob tuvo el encuentro con el Dios viviente y descubrió sus verdaderos derechos de nacimiento dentro del plan de Dios.[3]

En estos días Dios está destapando algunos de los antiguos pozos de avivamiento. Estos son lugares en donde su Gloria es como un estanque de agua permanente. La gente tiene que *venir al pozo* para satisfacer su sed, y ese es designio de Dios.

Antes de abrir nuevos pozos, el Señor destapará los antiguos.[4] El año inmediatamente anterior al de preparar este libro, el Señor habló a mi espíritu y me dijo: "Voy a visitar de nuevo los lugares donde han ocurrido avivamientos históricos para dar a mi pueblo otra oportunidad. Los llamaré a sacar los sedimentos acumulados en los antiguos pozos, así que el comienzo de los nuevos avivamientos ocurrirá sobre los fundamentos de los antiguos."

En palabras sencillas, antes de que el verdadero avivamiento irrumpa en las grandes avenidas y distritos populosos, comenzará en los altares de nuestras iglesias. Luego en las bancas. Entonces será cuando la Gloria del Señor podrá fluir debajo de los umbrales de las puertas y en las calles en cumplimiento de la profecía en Ezequiel capítulo 47:

> *Me hizo volver a la entrada de la casa; y he* **aquí aguas que salían debajo del umbral de la**

*casa hacia el oriente; porque la fachada de la casa
estaba al oriente, y las aguas descendían debajo,
hacia el lado derecho de la casa, al sur del altar.*

*Y me sacó por el camino de la puerta del norte,
y me hizo dar la vuelta por el camino exterior, fuera de la puerta, al camino de la que mira al oriente; y vi que las aguas salían del lado derecho.*

*Y salió el varón hacia el oriente, llevando un
cordel en su mano; y midió mil codos, y me hizo
pasar **por las aguas hasta los tobillos.***

*Midió otros mil, y me hizo pasar por las aguas
hasta la rodilla. Midió luego otros mil, y me hizo
pasar **por las aguas hasta los lomos.***

*Midió otros mil, **y era ya un río que yo no podía pasar, porque las aguas habían crecido de
manera que el río no se podía pasar sino a nado.***

*Y toda alma viviente que nadare **dondequiera
que entraren estos dos ríos,** vivirá; y habrá mu-
chísimos peces **por haber entrado allá esta agua,**
y recibirán sanidad; **y vivirá todo lo que entrare
en este río.***

*Y junto al río, en la rivera, a uno y otro lado,
crecerá toda clase de árboles frutales; sus hojas
nunca caerán, ni faltará su fruto. A su tiempo
madurará, **porque sus aguas salen del santuario;** y su fruto será para comer, y su hoja para
medicina.* (Ezequiel 47:1-5,9,12).

¿No es irónico que el río de la presencia de Dios al fluir
de su santuario se hizo *más profundo* a medida que el profeta caminaba? Al final Ezequiel terminó en aguas tan
profundas que sobrepasaban su humanidad y no podía tocar fondo. Él ya no tenía el control. ¡Yo persigo un avivamiento "que se salga de nuestro control"! Su punto menos
profundo estaría en el edificio de la "iglesia."

La próxima oleada de gloria

Yo creo que algunas ciudades son viejos pozos de la unción de Dios: lugares en los cuales tuvieron lugar avivamientos históricos en el pasado. Dios llama hoy a los pastores y a las congregaciones de esas ciudades a re-excavarlos. Infortunadamente, sacar los sedimentos acumulados en un pozo antiguo no es una tarea agradable. Cuando un pastor amigo mío compró una propiedad en la India, le dijeron que había un antiguo pozo en el terreno. No era un pozo común cavado en forma "vertical," sino sesgada u oblicuamente en el lado de una montaña.

Cuando los trabajadores del pastor comenzaron a excavar y a sacar los desechos y sedimentos, encontraron maquinaria vieja, muebles desechados, y montones de escombros entre malezas y juncos excesivamente desarrollados. También encontraron algo más: Centenares de serpientes cobras en ese pozo abandonado, que también fueron desalojadas. Mi amigo me dijo: "Restauramos ese viejo pozo, lo limpiamos y nos fuimos a dormir. Cuando nos levantamos a la mañana siguiente, teníamos la esperanza y la expectativa de encontrar un depósito de agua estancada. Pero en cambio descubrimos que el agua comenzaba a brotar y fluía con tanta abundancia otra vez, ¡que había creado un arroyo de la noche a la mañana!

La próxima oleada vendrá cuando Dios destape los pozos artesianos de su Gloria. Muchos de los manantiales de los desiertos del Medio Oriente son "pozos de aguas estancadas." Hay suficiente agua que brota dentro del contenedor natural de la tierra para mantenerlo lleno la mayor parte del tiempo, aun en el desierto caliente. Casi todo ser viviente en el ecosistema del desierto, realiza su jornada a los oasis o a los estanques de aguas quietas en procura del agua de vida. Dios ha destapado abundantes manantiales de su presencia que han traído vida a millones de personas sedientas, creyentes e incrédulos, durante los últimos años. Pero tienen que acudir al pozo. Existe en la peregrinación un poder olvidado.

Ahora bien, Él esta a punto de liberar la próxima oleada de su unción, y se diferenciará de esos antiguos manantiales, en que *los nuevos pozos serán artesianos*, y explotarán con gran fuerza. Según la definición del *Diccionario Webster,* un "pozo artesiano" es "uno que se hace perforando la tierra hasta alcanzar el agua, *la cual, impulsada por la presión, fluye hacia arriba como una fuente; un pozo cavado a profundidad.* "[5] Esta nueva ola o nivel de la Gloria de Dios vendrá de la "profunda presencia" en el pueblo de Dios. Explotará en nuestro mundo con tal fuerza que su presencia dispensadora de vida presionará más allá de cada barrera u obstáculo para fluir en las calles sedientas de nuestras ciudades y naciones. Así es como su Gloria "cubrirá toda la tierra." (Ver Isaías 6:3 y Habacuc 2:14) ¡Fuentes profundas se abrirán y el agua fluirá de ellas!

Usted no tiene que ir a las aguas de un pozo artesiano: *¡las aguas vienen hacia usted!* Dado el hecho de que el agua siempre busca los niveles más bajos y el camino de menor resistencia, resulta fácil comprender por qué Jesús "el resplandor de la gloria del Padre, y la imagen misma de su sustancia (Hebreos 1:3b) dijo: "...y a los pobres es anunciado el evangelio." (Mateo 11:5) La Gloria de Dios siempre busca llenar los vacíos en la vida de los hombres. En los días por venir, la Gloria de Dios emanará de los lugares y de los individuos más increíbles, y comenzará a fluir y a llenar lo más bajo y lo más abierto de las personas. Y solamente Él será acreedor de la Gloria.

El Señor me habló claramente acerca de su Gloria durante una rara precipitación en el sur de California. Yo nací y me crié en el estado de Louisiana en donde estamos acostumbrados a ver días enteros de lluvia. En muchas ocasiones, cuando llovía de continuo durante días y noches, nadie pensaba que fuera algo extraño. Pero cuando llueve en el Sur de California, la gente lo nota. En este día en particular, algo extraño ocurría. California soportaba una tormenta eléctrica "al estilo Louisiana." Era casi una precipitación subtropical. Donde yo vivo, la gente se prepara para las lluvias intensas porque está acostumbrada. Construye acequías, alcantarillas, y recolectores, así que está preparada para las grandes precipitaciones cuando llegan.

Sin embargo, el área de Los Angeles no está acostumbrada a tanta lluvia. La tormenta me sorprendió en una cafetería. Cuando habían transcurrido 20 minutos me di cuenta que no iba a parar de llover, así que me dirigí al sitio en donde dejé parqueado mi automóvil en la calle. La inundación subía por encima del andén y el agua subía hasta la rodilla. ¡Yo tuve que vadear para llegar al carro antes de que el nivel de las aguas subiera más alto en unos 20 minutos! Mientras salía de la inundación pensé para mí: "Seguro que aquí no construyen drenajes adecuados para estas tormentas. Yo no sé a dónde irá el agua, pero nunca alcanza esa profundidad en las calles en forma tan rápida."

Mientras caminaba bajo la lluvia de regreso a mi cuarto en el hotel, sentí la presencia de Dios y comencé a llorar. Mientras mis lágrimas se mezclaban con la lluvia, oí la voz del Señor que habló a mi corazón: "Así como ellos no están preparados para la lluvia natural, tampoco lo están para mi lluvia espiritual. Y vendré sobre ellos repentinamente."

Mientras me preparaba para la reunión esa noche, escuché las noticias locales y le oí decir algo al hombre encargado del pronóstico del tiempo en la ciudad de Los Angeles, que tocó un nervio profético en mí. Él dijo: "Esta no será la última tormenta. *Se acumulaban* en el Pacífico *como oleadas,* una tras otra." Luego agregó: "Las tormentas continuarán," y explicó que la fuente de estas oleadas de lluvias era El Niño. El Niño en español significa "el bebé" ¡y este nombre es utilizado para referirse al niño de Belén! El encargado de la predicción del tiempo no se daba cuenta que estaba profetizando, pero él estaba hablando del "Cristo bebé" la fuente de todas las oleadas de Gloria que están a punto de barrer este planeta.

En ese momento algo surgió en mí y dije: "¡Sí, Señor! ¡Envía oleada tras oleada de tu Gloria hasta que literalmente inunde todas las cosas! Que todo lo que no es tuyo sea arrastrado por la inundación." *¡Inunda Señor Jesús, y reina!*

Muy a menudo la "ley de precedencia" se aplica a eventos paralelos en el mundo natural y en el espiritual. Tengo un hambre tal por el desatamiento de su Gloria, que no puedo expresar su intensidad o urgencia. Así que oro de esta manera:

> "¡Haz que llueva Señor! satanás no va a tener suficientes recolectores esta vez para drenar la lluvia de tu Gloria. Va a llegar tan alto el nivel de las aguas de la inundación, que todo el mundo será arrastrado y puesto fuera de control por una oleada de la Gloria de Dios. ¡Haz que llueva Señor!"

¡Rompa las fuentes de las profundidades. Destape los pozos antiguos. Reclame su herencia. Demarque y reclame la ciudad! ¡La tierra es del Señor!

Él lo ha hecho antes. ¡Lo puede hacer otra vez!

Envía la lluvia Señor.

Notas Finales

1. Para mayor información, contacte a City Bible Church, 9200 N.E.Fremont, Portland, Oregon, 97220

2. Yo me siento tan constreñido por esto que junto con un grupo de intercesores fui a la Calle Bonnie Brae en Los Angeles, California, la cual fue el sitio de la erupción Divina original que creció y llegó a ser tan grande que fue trasladada a la Calle Azusa. Mientras intercedíamos allí en esa propiedad, clavamos una estaca. Algo pareció romperse en mi corazón (y espero que también en los cielos) ¡Sentí como si destapáramos un antiguo pozo! Los desechos espirituales eran removidos y expresamos arrepentimiento por ellos. Que las aguas de Azusa fluyan otra vez.

3. Ver Génesis 28: 10-16

4. Mi buen amigo Lou Engle escribió un libro sobre este tema de re-excavar los pozos, y en él discute todo los detalles de la oración

intercesora. Ver *Excavando los Pozos del Avivamiento.* (Shippensburg, PA: Destiny Inage, 1998)

5. *Webster´s New Collegiate Dictionary* (Springfield,MA: Merriam Webster, Inc., 1998),105.

Capítulo 8

El propósito de su presencia

Zonas de radiación divina:
su presencia y el evangelismo

Una y otra vez nos preguntamos: "¿Por qué no puedo ganar a mis amigos para el Señor? ¿Por qué los miembros de mi familia no parecen interesados en Dios?" La respuesta quizá no le agrade y le golpée por lo cruda, pero a menudo la verdad duele. La razón por la cual las personas que lo conocen no están interesadas en su Dios quizá *sea porque no lleva lo suficiente de la presencia de Dios en su vida*. Existe algo acerca de esa sublime presencia frente a lo cual todo lo demás palidece. Sin ella estará tan carente de brillo y de vida como cualquiera otro. No importa su esfuerzo, sin la presencia de Dios será apenas "otro don nadie" para quienes lo rodean.

Yo no sé cuál será su sentir, pero yo me cansé de ser "un don nadie" para los perdidos que están en contacto conmigo. Tomé una decisión. Determino, dispongo mi corazón y declaro que "voy a buscar la presencia de Dios en mi vida. Voy a procurar estar tan cerca de Dios, de tal modo que cuando yo camine en los lúgares públicos y seculares, la gente se encuentre con el Señor." Quizá no sepan que yo estoy allí, pero sí sabrán que Dios está allí. Quiero estar tan saturado por la presencia de Dios que cuando ocupe la silla de un avión, todas las personas que estén cerca de mí se sientan de repente incómodas si no están en buena relación con Dios, aunque no haya pronunciado una sola palabra. Lo que quiero no es echar culpa sobre ellos o condenarlos. Lo que quiero es llevar conmigo la fragancia de mi Padre.

Entendemos por "programa de evangelismo" la práctica de visitación por las casas puerta a puerta, la distribución de folletos o tratados con mensajes evangelísticos o cualquier otro programa similar de la iglesia diseñado para ganar a los perdidos. John Wimber nos ayudó a comprender el "evangelismo de poder," mediante el cual mezclamos la unción con el programa. En esta forma de evangelismo oramos para que alguien sea sanado en la calle en vez de testificarle o entregarle tratados. Pero hay poca comprensión y menor uso de lo que yo llamo "evangelismo de presencia." Ocurre cuando el remanente de la presencia de Dios en una persona crea una *zona de radiación Divina,* un campo de influencia de la presencia manifiesta del Señor de tal magnitud, que afecta a quienes están a nuestro alrededor.[1] Es entonces cuando la gente lo nota y dice de nosotros: "Ellos han estado con Jesús."(Ver Hechos 4:13)

La sanidad efectuada por la sombra de los apóstoles, puede ser una buena demostración de lo afirmado anteriormente. No era la sombra de Pedro la que sanaba a la gente,[2] ¡fue la sombra de quien habitaba en la vida del apóstol y caminaba con el que creó una zona de sanidad Divina, un área libre del poder y la influencia de los demonios!

Los Hebreos creían que la unción se extendía hasta donde llegaba su sombra. ¡Yo creo que la Gloria alcanzará, hasta donde la sombra de Dios alcance! ¡Llena la tierra y cúbrela Señor!

El Evangelio de Marcos nos cuenta que, inmediatamente después de que Jesús asombró a sus discípulos reprendiendo los vientos y el mar durante una gran tormenta, ellos llegaron al "país de los gadarenos." (Ver Marcos 4:35- 5:1) Algo sucedió ese día que yo oro porque ocurra también en nuestros días.

Cuando la planta del pie de Jesús tocó la arena de la playa de Gadara, un hombre que estaba a casi un kilómetro de distancia poseído por 5.000 demonios, repentinamente fue liberado de sus garras sofocantes por primera vez.[3] Qué cómo lo sé, preguntará usted. Marcos nos cuenta que cuando el endemoniado vio a Jesús, corrió y se arrodilló ante Él en un acto de adoración. Hasta ese preciso momento los demonios le habían dicho a este hombre a dónde debía ir y lo que debía hacer a cada instante. Él no tenía control sobre sus propias acciones, aun cuando los demonios le ordenaban herirse a sí mismo.

¿Qué produjo ese cambio? ¿Qué ocurrió en un momento que cambió la mente y las acciones descontroladas de un hombre poseído por 5.000 espíritus satánicos? Yo le diré lo que ocurrió: *El Padre entró en la casa.*

Eso es lo que necesitamos en este día. Necesitamos oír las pisadas de Dios cuando sus plantas toquen la tierra siquiera una vez... Cuando eso ocurra no tendremos que preocuparnos por decirle a los demonios pequeños que se vayan. Ni siquiera tendremos necesidad de citarle las Escrituras o procurar destruir sus fortalezas. El propósito de su manifiesta presencia es "liberar a los cautivos" para que se cumpla la escritura de Lucas 4:18. Él quiere terminar lo que le fue imposible concluir en Nazaret cuando dijo: "Hoy se ha cumplido esta escritura delante de vosotros." (Lucas 4:21b)

> *"¡Señor, queremos verte! Estamos cansados de hablar solamente de ti como niños de escuela dominical. ¿Cuándo te vas a manifestar Señor?"*

Yo oro y ruego a Dios para que una visitación como la que se describe en el capítulo 6 del libro de Isaías venga sobre las iglesias en las ciudades, porque todo lo que se requiere es *una pisada* del Dios Todopoderoso en una ciudad, para romper las cadenas de décadas y siglos de dominio satánico. Oro porque podamos decir con el profeta Isaías: *"Yo he visto al Señor."* Oro por un avivamiento colectivo en la Iglesia, pero le pido al Señor que nos dé primero un avivamiento individual en cada una de nuestras vidas. "Señor, no venimos a ti sólo en busca de una bendición. Te queremos a ti, el 'Bendecidor'." *Necesitamos un avivamiento*.

Debo advertirle que a veces es necesario ser quebrantado para tener un avivamiento. Esa es la manera en que él ocurre. Yo lo animo para que se sature de la presencia del Señor a cada oportunidad. Cuando se acerque a Él, no corra ni se apure. Sea consciente de que debe estar en el número uno de la lista de sus prioridades. Permita que el Señor realice un *trabajo profundo* en su corazón. Esta es la forma en que Dios crea un "estanque profundo" en su vida, que llegue a ser un pozo artesiano de poder, de Gloria, y de la presencia del Señor. *El propósito de su presencia es traer liberación a los cautivos, y victoria para sus hijos*.

Las peleas se acaban cuando papito entra a la casa

Durante siglos hemos peleado batallas espirituales contra satanás y sus malos muchachos utilizando palabras atrevidas, y a veces palos y piedras. Pero es tiempo de clamar a nuestro Padre y de ver que las batallas de nuestro vecindario toman un rumbo totalmente diferente. Se lo digo con cada onza de fe que hay en mi ser, que si el Padre de todos nosotros puede descender y hacer que su manifiesta presencia toque la tierra *siquiera una vez*...si tan solo una pequeña lágrima de sus ojos cae en una ciudad como Los Angeles, Nueva York o Chicago, ¡entonces el diluvio de su Gloria traerá un avivamiento a través de toda la tierra, y los demonios huirán, y los pecadores caerán sobre sus rodillas! ¡Ayúdanos Señor Jesús! ¡Ven Padre! ¡Abba Padre; Papito lindo, nosotros te necesitamos!

El punto focal es éste: Si se encuentra en realidad hambriento de ver que Papá lindo entre en escena, entonces comprenda que debe dejar de buscar sus beneficios y renunciar a pedir que Él haga esto o aquello por usted. Con nuestra forma de actuar hemos convertido lo que erróneamente llamamos "iglesia" en un gran club llamado "el club bendíceme" en donde nos aprestamos a recibir estas y aquellas bendiciones. No estoy tan seguro de la necesidad de buscar más bendiciones. Eso fue lo que los israelitas hicieron durante todos esos siglos, después de desechar el rostro de Dios. Necesitamos buscar contrición y arrepentimiento, y decir con nuestras acciones como con nuestras palabras, "Señor, te queremos a *ti*. No nos importa si haces esto o aquello. Nos humillamos ante tu altar. Haz que tu fuego purificador caiga sobre nosotros para que podamos finalmente ver tu rostro."

¿Por qué necesitamos pasar por todo esto? Puedo pensar en, por lo menos, dos razones. Primero, la experiencia de ver cómo la Gloria de Dios transforma vidas. Es la mayor experiencia formadora de hábitos que un ser humano pueda tener, y el único efecto colateral es la muerte de la carne. La segunda razón es esta: El verdadero propósito de la manifestación de la presencia de Dios en nuestras vidas es el *evangelismo*. Si podemos llevar con nosotros un remanente, una secuela de la Gloria de Dios de nuevo a nuestros hogares y a nuestros negocios, y si podemos reflejar un tenue brillo de su latente presencia dentro de las iglesias tibias e indiferentes, entonces no tendremos que suplicarle a la gente que venga en arrepentimiento ante la presencia del Señor. Ellos correrán hacia el altar cuando la Gloria de Dios rompa su esclavitud (¡y no podrán ir a ningún otro lugar!). Ningún ser humano puede venir al Padre por otro camino o de otra manera que no sea mediante el arrepentimiento y la salvación a través del Señor Jesús. Cualquier otro mal llamado "camino de salvación," lleva la marca del ladrón y el destruidor.

El Señor sabe que procuramos facilitar el camino para

que la gente venga a Dios, mediante gracia barata y avivamiento sin costo. Y al final conseguimos conversiones de promoción, que con dificultad duran una semana. ¿Por qué? Porque lo que le dimos a la gente fue un encuentro emocional con el hombre, cuando lo que realmente necesitaban era un encuentro con la Gloria y la presencia de Dios mismo, que implicaba muerte de la vida carnal. De aquí en adelante nuestra oración debe ser:

"Padre, confesamos que queremos ver *cambio* en nuestras vidas y en la iglesia, para que podamos realizar cambios en la ciudad.

Danos un corazón tierno, y dispuesto y una pasión por ti para que comencemos a ver tu Gloria fluir de nosotros, para convencer y salvar a los perdidos. Trasluce y comunica tu presencia a través de nosotros como lo hiciste a través de Charles Finney cuando caminaba por las fábricas y veía a los trabajadores caer sobre sus rodillas bajo tu Gloria, pidiendo perdón, aunque no se había predicado ni dicho siquiera una palabra.

Que la más tenue sombra de tu presencia en nuestras vidas sane a los enfermos y restaure a los lisiados que encontramos en las calles.

Que tu presencia nos sature de tal manera que nuestros huéspedes que no son salvos, no puedan entrar en nuestros hogares o estar a nuestro lado, sin sentir arrepentimiento en sus corazones. Que tu gloria provoque en sus vidas convicción de pecado, que lleva a la salvación, no por las palabras que nosotros hablemos, sino *por causa de tu presencia y de tu poder* que habita en nuestros corazones."

Honestamente, busco el mismo tipo de avivamiento que vivieron en Las Nuevas Hébridas, cuando funcionarios de policía enviaron por Gordon Mac-Donald, quien realizaba servicios nocturnos de avivamiento en esa región. Le dijeron al evangelista: "¿Quisiera venir por favor a la estación de policía? Hay una enorme cantidad de personas aquí, y no sabemos qué les pasa, pero creemos que usted sí lo sabe." (¡Este hecho ocurrió en realidad!)

Mac-Donald comentó que era como si una plaga hubiera llegado a la población. Mientras caminaba con los oficiales a través del pueblo a las 4:00 de la mañana, la gente lloraba y oraba detrás de cada montón de heno y detrás de cada puerta. Los hombres se arrodillaban en las esquinas de las calles, las mujeres y los niños en sus pijamas se apretujaban unos contra otros en las entradas, con lloro y clamor.

Cuando el evangelista llegó finalmente a la estación de policía, encontró afuera cantidades de personas que lloraban y suplicaban. "¿Qué les pasa?" –les preguntó. Ellos no sabían lo suficiente de Dios como para entender que Él los "tocaba." Sabían que algo estaba mal y que eran culpables. La única cosa que hicieron fue ir a la estación de policía y confesar que algo estaba "mal." Lo que andaba mal era que había pecado en sus corazones, y la convicción de Dios había venido sobre ellos de repente. Cuando esta gente comenzó a inundar la estación con sus confesiones de mal comportamiento, la policía no tuvo la respuesta.

El evangelista se paró en las gradas o escalinatas de la estación muy temprano esa mañana y predicó el sencillo evangelio del arrepentimiento y de la salvación mediante Jesucristo, y un genuino avivamiento vino sobre aquel lugar. Ese es el tipo de avivamiento al que me estoy refiriendo, el cual sobrepasa y abruma en forma rápida los recursos y el poder humano de cada iglesia.

Norteamérica hambrienta, pero, el pan viejo

¡Con franqueza creo que seríamos incapaces de contener o manejar tal cosecha de almas en nuestro actual estado espiritual, porque no tenemos suficiente pan fresco de su presencia en nuestra alacena para las masas hambrientas! Quizá a algunos les molestará lo que digo, pero me preocupa la mentalidad que existe en la Iglesia de dedicar al Señor sólo medio tiempo, y utilizar el otro medio para "ir de pesca." Tocamos este asunto en el capítulo 2, bajo el tema: "No hay pan en la 'casa del pan'," pero conviene repetirlo hasta que la situación cambie.

¡En cada esquina de las ciudades norteamericanas tenemos pequeñas tiendas *que permanecen abiertas las 24 horas del día,* para satisfacer la demanda del público de sus productos, mientras que la mayoría de las iglesias, que supuestamente satisfacen el hambre espiritual de la nación, abren sólo dos horas los domingos en la mañana! ¿Por qué la Iglesia no permanece abierta todos los días y todas las noches? ¿No se supone que ofrecemos el Pan de Vida a los hambrientos? Algo está terriblemente mal, y no creo que sea el hambre espiritual de los norteamericanos y su deseo de Dios. Ellos tienen hambre, sí señor, pero también tienen suficiente vivacidad y agudeza para conocer la diferencia entre el viejo pan de la experiencia religiosa del ayer, y el fresco alimento de la genuina presencia de Dios. Una vez más debemos concluir que la razón por la cual los hambrientos no tocan a nuestras puertas, es que la Casa del pan está vacía.

Es interesante notar que ninguna de las 50 iglesias más grandes del mundo se encuentra en los Estados Unidos. "¿Cómo puede ser esto? ¿No hemos enviado misioneros alrededor del mundo durante más de 200 años?" Los hambrientos necesitan pan fresco en abundancia, no viejas migajas tiradas sobre la alfombra, que sobraron de la última comida del siglo pasado, durante un ensayo de bodas.

Tengo un amigo que pastorea una iglesia con alrededor de 7.000 miembros. Su iglesia es sin duda el mejor modelo en Norteamérica de iglesia fundamentada en el sistema de células, pero él me dijo que había asistido hace poco a una conferencia en el exterior, y lo que allí descubrió le hizo derramar lágrimas de tristeza.

Me dijo: "Tommy, algo me acongojó en esa conferencia."

Me explicó que los organizadores realizaron un taller para pastores de iglesias de más de 100.000 personas, y luego añadió: "Yo no pude aguantarme y tuve que abrir la puerta para ver si había allí algún conocido. En el auditorio había unas 20 ó 30 personas, y me entristeció el hecho de que yo no podía entrar." Luego, con lágrimas en sus ojos me dijo: "Entonces entendí, Tommy. Ninguno de los que estaban en el recinto era norteamericano."

Este hombre ha sido bastante exitoso en su ministerio de acuerdo a los standars americanos. Se las ha arreglado para hacer un impacto considerable en su ciudad de 400.000 habitantes, pero quiere *más*. No tiene mentalidad de contador, ni es un enamorado de las cifras interesado en competir con otros pastores, ni se jacta de la asistencia a sus servicios del domingo en la mañana. Él es un decidido buscador de la presencia de Dios, y un ganador de almas. Sus lágrimas no fueron producto de los celos, sino de dolor y tristeza. Si alguna vez existió un país maduro para el avivamiento, ese país es los Estados Unidos. Es tiempo de que el pueblo de Dios lo busque con hambre y con determinación, porque el fuego debe primero prender en la Iglesia, antes de que sus llamas se esparzan por las calles.

Estoy cansado de tratar de realizar la obra de Dios con manos humanas. Lo que necesitamos para un avivamiento nacional es sólo una cosa: *La manifestación de Dios*.

Si usted quiere que las clases de enseñanza secundaria en su escuela local se conviertan en reuniones de oración, necesita la manifestación de Dios. No me refiero a una ocurrencia histórica o teórica. En algunos momentos la Gloria de Dios ha fluido en las iglesias con tal intensidad, que su pueblo ha andado con cuidado en los restaurantes. Una simple inclinación de cabeza para elevar una oración de acción de gracias por la comida, y las meseras y otros clientes acudían a la mesa llorando compungidos diciendo: "¿Qué pasa con ustedes?"

Mi esposa hacía fila para pagar algunas compras en una tienda durante el tiempo de la visitación de Dios en

Houston, cuando una mujer la tocó en el hombro. Mi esposa se dio vuelta para ver quién era y encontró a una persona totalmente extraña que lloraba sin ningún recato. Esta dama le dijo: "Yo no sé quien será usted ni lo que hace ni lo que tiene. Pero le cuento mi angustia. Mi esposo es abogado y estoy tramitando un proceso de divorcio." Y comenzó a exteriorizar sus demás problemas y finalmente dijo: "Lo que en resumen le digo es que *yo necesito a Dios.*"

Mi esposa miró a su alrededor y preguntó: ¿Quiere decir, aquí?

"Aquí mismo," –dijo la mujer.

Mi esposa volvió a preguntar: "¿Con toda esta gente en la fila?"

De inmediato la mujer se volvió a la persona que estaba tras ella en la fila y le dijo: "Señora, "¿Nos permite que esta dama ore por mí aquí mismo?"

La mujer aludida respondió llorando: "Sí, y que ore por mí también."

No existe un atajo

Cosas sobrenaturales como éstas le ocurrirán a usted también, pero *hay sólo una manera de hacer que sucedan.* Ocurren solamente cuando el sacerdote y los ministros lloran entre el pórtico y el altar, y le ruegan a Jesús: "Señor, perdona a la gente." No existe un atajo o una forma abreviada o fácil para tener un avivamiento o para lograr que su presencia se manifieste. La Gloria de Dios viene solamente cuando, quebrantado y arrepentido, usted se pone sobre sus rodillas, porque su presencia requiere pureza. Sólo los muertos ven el rostro de Dios.

No podemos esperar que otros se arrepientan en forma profunda y sincera, si usted y yo no estamos dispuestos a caminar continuamente en ese grado de arrepentimiento.

El mundo está cansado de oír sermones populares predicados en pomposas iglesias detrás de elevados púlpitos. ¿Qué derecho tenemos, o qué autoridad nos asiste para decirle a los demás que se arrepientan, cuando existen

problemas tan evidentes en nuestra propia casa? La hipocresía jamás ha tenido la aprobación de Dios en su Iglesia,
pero nosotros la volvimos la principal atracción en ella. Lo
que necesitamos hacer es venir en busca de limpieza y confesar: "Sí, tenemos algunos problemas. Sí, *yo* tengo algunos problemas también. Pero me arrepiento de mis pecados ahora mismo. ¿Hay alguien aquí que quiera unirse conmigo en arrepentimiento?"

Creo que todos nos sorprenderíamos de la cantidad de
personas que comenzarían a zafarse de la sociedad corrupta,
cuando vean arrepentimiento en la Iglesia. Una vez más
volvemos a nuestro problema más serio: No tenemos el
pan de la presencia de Dios. Nuestras iglesias viven llenas
de "pródigos de profesión," quienes aman más las cosas de
su Padre, que a su Padre mismo. Venimos al comedor familiar, no para buscar o tener más de la persona de nuestro Padre, sino para suplicar o persuadirlo de que nos dé
todas las cosas que hay en su casa y que Él nos ha dicho
que son legalmente nuestras. Abrimos el Libro santo y decimos: "Yo quiero todos los dones, quiero la mejor porción,
la plenitud de la bendición; quiero tener todo lo que me
pertenece." ¡Irónicamente fue la bendición del Padre la
que "financió" realmente el viaje del hijo pródigo, lejos del
rostro de su Padre! Y fue la nueva revelación de su pobreza la que impulsó al hijo a volver otra vez a los brazos del
Padre.

A veces utilizamos las mismas bendiciones que Dios nos
da, para financiar nuestra jornada de alejamiento del Señor como centro de nuestra vida. Es muy importante que
retornemos al punto cero, a la máxima y eternal meta de
habitar con el Padre en íntima comunión.

"Señor, pon en nuestros corazones hambre de
ti, no de las cosas que nos puedes dar. Aprecia-
mos, Padre, tus abundantes bendiciones, pero
estamos hambrientos de ti, de nuestro Bendecidor.
Ven y muéstranos el verdadero propósito de tu pre-
sencia."

Notas Finales

1. Ver Hebreos 8:11 NIV

2. Ver Hechos 5:15-16

3. Ver Marcos 5:2-6   NOTA: Según W.E. Vine en el *Diccionario Expositivo de las Palabras del Antiguo y del Nuevo Testamento* (Old Tappan, NJ: Fleming H.Revell Co., 1981) 329, una Legión Romana en los días de Jesús consistía "de más de 5.000 hombres." Muchos suponen que eran sólo 2.000 los demonios que poseían a este hombre, porque ellos pidieron permiso al Señor para invadir los cuerpos de 2.000 cerdos, pero tal vez muchos de ellos tuvieron que "habitar en pareja" en el mismo cuerpo, en sus esfuerzos por escapar al abrumador sufrimiento y terror que sentían en la presencia del Señor.

Capítulo 9

Deseche su gloria

Sepultar la gloria del hombre,
es permitir que nazca la Gloria de Dios

Hemos perdido el arte de adorar al Señor. Nuestra adoración se ha vuelto tan desordenada, con interminables retahilas de palabras superficiales e insinceras, que todo lo que consiguen, la mayoría de las veces, es "llenar espacio" o "quemar tiempo" con monólogos tan carentes de pasión que Dios tiene que ignorar.

Algunos de nosotros vamos al Señor a llevarle cargas tan pesadas, que nos sentimos demasiado frustrados y distraidos como para ver al Padre y comprender cuánto nos ama. Necesitamos regresar a la sencillez de nuestra edad infantil. Cada noche en mi hogar, yo arrullo a mi hijita de seis años de edad antes de dormirse, porque la amo. Por lo general se echa en mis brazos, y antes de dormirse recuerda los problemas del día y dice algo como: "Papito, ese niño fue malo conmigo en el patio de la escuela," o "Papi, tuve problemas hoy con mi examen de ortografía."

Para ella estos parecen problemas gigantes. Yo siempre procuro asegurarle en esos momentos, que todo va a estar bien, porque está descansando en mis brazos, y porque yo la amo. No importa lo que alguien dijo en el patio de la escuela, y no importa sus pequeños fracasos; ninguno tiene poder para hacerle daño, porque ella está en mis brazos.

De un modo u otro, cuando logro meterme en los laberintos de la mente de una niña de seis años, y procurarle paz, yo disfruto mi momento favorito del día. Y es cuando mi pequeñita pone su cabecita sobre la almohada, y con ojos a medio cerrar me mira para darme su pequeña sonrisa. La única descripción que puedo hacer es que su carita irradia adoración pura y confiada, y completa seguridad en esos momentos. Ella no tiene que hablar para yo entenderla. Y luego, en completa paz, se entrega al sueño, con la sonrisa de seguridad y confianza en su rostro.

Dios quiere que nosotros hagamos lo mismo. Con demasiada frecuencia venimos a Él al final del día y lo "adoramos" en forma mecánica con palabras y frases prefabricadas y memorizadas. Luego, como estamos casi totalmente absortos por las ofensas recibidas y por los problemas del día, nos dejamos caer en la cama y acudimos a su presencia el tiempo apenas suficiente para recitar nuestra retahíla de palabras y hacerle entrega de nuestra lista de deseos. Al día siguiente saltamos de la cama y corremos para continuar nuestra carrera como ratas frustradas. A menudo parece que nunca podremos encontrar ese estado de verdadera paz.

Usted tendrá que darle la cara a Dios

Lo que Dios quiere es que lo miremos. Sí, podemos decirle lo que sentimos. Necesitamos hacerlo, pero Él espera recibir nuestra adoración íntima, que trasciende y va más allá de las meras palabras y de nuestras acciones externas. El Señor ha puesto al frente suyo una puerta abierta, pero usted tendrá que "darle la cara" a Dios. No puede devolverse de la puerta de la eternidad; tiene que entrar. Tendrá que dejar de mirar y de escuchar otras cosas. Él le hace señas para que se "acerque" y entonces le mostrará la ruta hacia adelante.(Ver Apocalipsis 4:1) Eso debería darle paz a un niño cansado.

Es peligroso dejarnos guiar por nuestro "intelecto analítico," porque podríamos analizar en demasía las causas, los motivos y los propósitos de Dios. Podríamos terminar como los fariseos, los Saduceos y los escribas del tiempo de Jesús, quienes pasaron por alto la hora de su visitación. Yo por lo menos no quiero que me suceda tal cosa. En sus días, en la tierra Jesús lloró sobre Jerusalén, el símbolo del "hogar de la presencia de Dios" y dijo en esencia: "Ustedes no conocieron su hora. *Yo mismo* vine a ustedes, y ustedes no lo supieron. Conocían la Palabra, pero no me conocían a mí."(Ver Lucas 19:41-44). "A lo suyo vino, y los suyos no le recibieron." (Juan 1:11)

La razón por la cual comparto esto por escrito no es porque usted y los muchos que leerán estas líneas desconozcan la Palabra de Dios. Lo hago porque el Señor desea desarrollar un nuevo nivel de intimidad con *su pueblo*. Él no desea que memoricemos la Biblia para participar en competencias; quiere que lo *conozcamos a Él*. Antes de convertirse a Cristo, Pablo dijo que comprendía la ley.[1] Pero después de convertido dijo:

"Yo *sé en quien* he creído." (2ª de Timoteo 1:12b). Una cosa es *saber* algo acerca de Dios, y otra muy diferente conocerlo.

Dios lo llama a un nuevo nivel de intimidad. Si se atreve a responder su llamado, el Señor le revelará una parte nueva de su carácter. Lo atraerá tan cerca de Él que respirará el aire enrarecido de los cielos. La única vía hacia el sitio que David llamó "el lugar secreto," es a través de la puerta de la adoración consciente y enfocada, cuando deja de lado toda distracción y enfoca su espíritu, alma y cuerpo hacia la persona de Dios.[2] Cuando la presencia de Dios llega a ser tan fuerte, que se olvida de todo y de todos a su alrededor, entonces vendrá la sanidad en un encuentro con Dios, el cual lo "afectará" por el resto de su vida. La pierna de Jacob quedó con cojera. Su corazón quedará incapacitado de por vida por el amor.[3]

"Mis servicios favoritos y los tuyos no son los mismos"

Me embarqué en esta jornada aquella vez en la presencia del Señor, cuando me habló y me dijo: *"Hijo, los servicios que tú consideras tus favoritos, y los que son de mi preferencia, no son los mismos."* Entonces me di cuenta que a menudo vamos a la iglesia para "obtener algo" de Dios, cuando la Biblia nos habla una y otra vez que "ministremos al Señor." Sí; estamos involucrados en el ministerio, claro que sí. Nuestras vidas están tan llenas de la ministración a la gente y de sus necesidades, que rara vez tenemos un momento de ministración para Dios. Semana tras semana quedamos satisfechos cuando nuestras pequeñas necesidades personales son suplidas. ¿Cuándo oíremos la voz apacible de Dios que nos dice:

"¿Hay alguien que *me quiera?"*

Como dije antes, la última vez que leí el primer versículo del Salmo 103 todavía decía: *"Bendice alma mía a Jehová,"* pero la práctica nuestra es: *"¡Bendice mi alma, oh Señor!"*

La definición o la idea que Dios tiene de un héroe, y la nuestra, probablemente no son las mismas. Considere lo que Él dijo de la mujer "pecadora" que rompió el vaso de alabastro para ungir al Señor. Si los cielos tienen una galería de la fama, entonces yo le diré de alguien que estará en el número uno de la lista. Es María, la mujer de quien hablamos, la del vaso de alabastro. Lo asombroso es que *los discípulos estaban tan abochornados por la acción de la mujer, que quisieron sacarla de la casa,* ¡pero Jesús hizo de su acción un eterno monumento a la adoración sin egoismo! Jesús no intervino por causa de la belleza, el talento, o los logros religiosos de María. Él enfatizó su acto de adoración. Los discípulos dijeron: "¿Para qué este desperdicio?" (Mateo 26:8b) Pero Jesús dijo: "No es desperdicio, es adoración." A menudo discípulos poco sabios califican las cosas erróneamente por causa de sus posturas políticas en relación con quien debe sentarse a la izquierda o a la derecha, mientras Jesús está "hambriento de adoración." Su hambre atrae a una extraña que "rompe su cofre" y "lava sus pies." Estos adoradores deben a menudo ignorar, cuando ministran al Señor, las miradas y los comentarios de una iglesia políticamente correcta.

Él desea nuestra devoción y nuestra adoración. La "galería de la fama" de los cielos está llena con los nombres de personas anónimas como el leproso que regresó para darle gracias a Dios por su curación, mientras sus nueve compañeros jamás se preocuparon en hacerlo.Estará llena con los nombres de personas que tocaron el corazón y la mente de Dios al punto de estimularlo a expresar su reconocimiento: "Te recuerdo. Tengo buenas referencias tuyas. Bien hecho mi buen y fiel siervo."

Entre tanto, en los servicios de nuestras iglesias, actuamos como hijos desagradecidos que exigen su ración bíblica y sus bendiciones. Con religiosidad buscamos la mano de Dios, pero no sabemos nada acerca de buscar su rostro y de clamar: "Te deseamos a ti, Señor."

Recuéstese en el regazo del dador de las bendiciones

Dios nos dice: "Yo he puesto delante de ti una puerta abierta." (Ver Apocalipsis 3:7-13) Este es uno de los tiempos en que Dios parece abrir las puertas del cielo y decir: "Entra a un nuevo lugar de intimidad y comunión conmigo." ¡No necesita preocuparse por las bendiciones, si se recuesta en el regazo del Bendecidor! Tan solo dígale que lo ama, y cada una de las bendiciones que alguna vez imaginó, vendrán sobre usted. ¡No busque la bendición, busque al Bendecidor, el dispensador de las bendiciones! ¡No busque el avivamiento, busque a quien lo produce! ¡No busque la mano de Dios, busque su rostro!

A menudo veo esparcidas en los pasillos de las iglesias a

personas que han escalado hasta alcanzar el regazo del Padre. Los veo con sus rostros escondidos tras las bancas, mientras buscan el rostro de Dios. Algo sucede en la Iglesia hoy y no tiene nada que ver con la manipulación humana. ¿No está hastiado de la situación actual? ¿No se siente hambriento de tener un encuentro con Dios que no esté contaminado por las vanas promociones y las manipulaciones de los líderes carnales? ¿No anhela que Dios mismo se le presente en forma personal? Si su respuesta es positiva, entonces no está solo. Hubo una mujer que marcó el camino del arrepentimiento con sus lágrimas, y *desechó su gloria* por lograr la Gloria del Señor.

> *Uno de los fariseos rogó a Jesús que comiese con él. Y habiendo entrado en casa del fariseo, se sentó a la mesa.*
>
> *Entonces una mujer de la ciudad, que era pecadora, al saber que Jesús estaba a la mesa en casa del fariseo, trajo un frasco de alabastro con perfume;*
>
> *Y estando detrás de él a sus pies, llorando, comenzó a regar con lágrimas sus pies, y los enjugaba con sus cabellos; y besaba sus pies, y los ungía con el perfume.*
>
> *Cuando vio esto el fariseo que le había convidado, dijo para sí: Este, si fuera profeta, conocería quién y qué clase de mujer es la que le toca, que es pecadora.*
>
> *Entonces respondiendo Jesús, le dijo: Simón, una cosa tengo que decirte. Y él le dijo: Di, Maestro.*
>
> *Un acreedor tenía dos deudores: El uno le debía quinientos denarios, y el otro cincuenta;*
>
> *Y no teniendo ellos con qué pagar, perdonó a ambos. Di, pues, ¿cuál de ellos le amará más?*
>
> *Respondiendo Simón, dijo: Pienso que aquel a quien perdonó más. Y él le dijo: Rectamente has juzgado.*

Y vuelto a la mujer, dijo a Simón: ¿Ves esta mujer? Entré en tu casa, y no me diste agua para mis pies; más ésta ha regado mis pies con lágrimas, y los ha enjuagado con sus cabellos.

No me diste beso; más ésta, desde que entré, no ha cesado de besar mis pies.

No ungiste mi cabeza con aceite; más ésta ha ungido con perfume mis pies.

Por lo cual te digo que sus muchos pecados le son perdonados, porque amó mucho; más a aquel a quien se le perdona poco, poco ama.

Y a ella le dijo: Tus pecados te son perdonados.

Y los que estaban juntamente sentados a la mesa, comenzaron a decir entre sí: ¿Quién es éste, que también perdona pecados?

Pero él dijo a la mujer: Tu fe te ha salvado, ve en paz. (Lucas 7:36-50).

Usted puede estar a solo unas pocas pulgadas espirituales del encuentro de toda su vida. Si quiere ver el rostro de Dios, entonces siga el ejemplo de María a los pies de Jesús. Saque su frasco de alabastro de preciosa alabanza y adoración sacrificial. Ha retenido su tesoro por demasiado tiempo, pero hay Alguien aquí que es digno de él. ¡No lo retenga más!

Los Evangelios de Mateo y Marcos también registran este evento, y ellos dicen que Simón era, o había sido leproso.[4] Muchos eruditos creen que el hecho registrado aquí por el doctor Lucas, es un evento anterior, pero aún así, Simón el Fariseo era *todavía* un leproso espiritual porque estaba desfigurado por el pecado de la hipocresía. Usted siempre puede contar con que algunos fariseos afectados por la lepra de la hipocresía se manifiesten y lo miren con desdén mientras usted corre a colocar lo mejor que tiene a los pies de Jesús. Pero, después de todo, ¿quién se preocupa? ¿Quién puede saber cuántos problemas serán quitados de encima de sus hombros en ese momento? ¿Y cuántas preocupaciones, temores y ansiedades desaparecerán cuando le escuche decir al Señor: "Yo te acepto"?

A los ojos de Dios, todos nosotros somos leprosos espirituales. Debemos ser de los que regresan para dar gracias a Dios por su sanidad. Que Dios nos acepte significa que podemos ignorar todas las demás voces que nos dicen: "Yo te rechazo." No quiero decir con esto que adoptemos una actitud áspera o descortés, pero, ¿quién se preocupa de que otros leprosos lo rechacen, cuando ha sido sanado y aceptado por el Rey de reyes?

En los Evangelios de Mateo y Marcos, los críticos más agrios de María fueron los fariseos o los saduceos. Los discípulos de Jesús estaban listos para sacarla cuando Jesús intervino.

> *Pero Jesús dijo:* **Dejadla**; *¿por qué la molestáis? Buena obra me ha hecho.*
>
> *Ésta ha hecho lo que podía; porque se ha anticipado a ungir mi cuerpo para la sepultura.*
>
> *De cierto os digo que dondequiera que se predique este evangelio, en todo el mundo, también se contará lo que ésta ha hecho, para memoria de ella.* (Marcos 14:6,8-9)

¿Está usted siempre en la mente de Dios?

Jesús dijo que esta mujer, que había quebrado su vaso de alabastro para ungirlo para el día de su sepultura, siempre sería recordada en cada lugar del mundo en donde se predique el evangelio. En otras palabras, *ella siempre estaría en la mente de Dios*. ¿Quiere usted una visitación de parte de Dios? Tendrá que hacer espacio para Él en su vida, no importa la congestión y el desorden que haya en ella en este momento. Esto significa que a veces sus posesiones más preciadas tendrán que romperse para liberar la fragancia que Dios recuerda.

Su quebrantamiento produce una agradable fragancia para Dios. Él colecciona cada lágrima que fluye de sus ojos y rueda por sus mejillas. La Biblia dice que Dios tiene un recipiente donde guarda y una memoria donde registra cada lágrima que usted ha derramado.[5] Él lo ama así que vaya a su lugar secreto de oración, con el vaso de alabastro de la preciosa unción que por tanto tiempo ha guardado para un momento como este. Rómpalo a los pies de Jesús y dígale: "Señor, yo te amo por encima de todas las cosas; renuncio a todo lo demás, y no iré a ningún lado, porque te deseo a ti, Señor."

Pero no se equivoque. María tuvo que ejercitar humildad para lavar los pies del Señor y secarlos con su cabello. La Biblia dice que el cabello de una mujer es su gloria,[6] así que María utilizó algo tan preciado para ella, su gloria, para limpiar y secar los pies de Jesús. Las mujeres del Medio Oriente en los días de Jesús por lo general mantenían su cabello largo, y a menudo lo enrollaban y envolvían en un turbante, o velo, cuando salían de sus hogares a lugares públicos. Así pues, María probablemente tuvo que desenvolver su cabello para lavar y secar los pies del Señor. No quisiera ofender a nadie al decir esto, pero es importante que comprendamos lo que ésto significó realmente para la reputación de María. El calzado más común eran las sandalias abiertas, y era costumbre que los huéspedes dejaban sus sandalias en la puerta cuando entraban a una casa. Como la mayoría de viajeros en Israel compartían los caminos pricipales con los caballos, los camellos y los asnos, era imposible evitar totalmente durante todo un largo día el contacto con los excrementos de estos animales.

Las sandalias proporcionaban cierta protección a los viajeros, y era inconcebible llevarlas dentro de la casa. No obstante, era cierto que los residuos de la jornada del día (incluido el mal olor de los excrementos animales) se encontraban todavía en los desprotegidos pies de los huéspedes. Por esta razón, el trabajo sucio de lavar los residuos animales de los pies de los visitantes, era reservado para el sirviente más humilde de la casa. Cualquier siervo que lavaba los pies de los huéspedes era de antemano considerado sin valor, incluso perdía su valor en el mercado de esclavos, y era tratado abiertamente con desdén.

¡Qué cuadro de humilde adoración el que nos proporciona María! Ella desmanteló o desechó su "gloria," su cabello, para limpiar excrementos animales de los pies del Maestro. Nuestra gloria y nuestra justicia no son otra cosa que trapos inmundos, aptos apenas para lavar sus pies.[7]

Si alguien quería deshonrar y humillar a una persona que entraba a su casa, todo lo que tenía que hacer era asegurarse de que sus sirvientes no se molestaran en lavar sus pies. Máxime en casa de los fariseos, para quienes la limpieza exterior lo era todo. Jesús dice con claridad que cuando entró en casa de Simón, nadie lavó sus pies. (mire Lucas 7:44) Pareciera que Simón quería tenerlo en su casa pero no quiso honrarlo. Cuan a menudo queremos que Dios esté presente en nuestros servicios, pero rehusamos (o ignoramos) adorarlo como es debido.

¿Son nuestros servicios a la medida del hombre o de Dios?

Por mucho tiempo la Iglesia le ha pedido a Dios que esté "presente" en los servicios de adoración, pero nunca ubicamos su presencia en un sitio de honor. Eso significa que lo que queremos en realidad es que nos divierta. Queremos su sanidad Divina, sus dones sobrenaturales y todas las cosas milagrosas que Él puede hacer; pero en realidad no tenemos el interés de honrarlo. ¿Cómo puedo yo decir tal cosa? Observe por sí mismo si la mayoría de nuestros servicios no han sido diseñados para divertir a la gente en lugar de adorar y honrar al Señor. ¿Es más importante para nosotros que una persona influyente diga: "Oh, que buen servicio; yo lo disfruté" o que Dios quede satisfecho?

Cuando Dios hizo presencia en nuestros servicios en el pasado, ¿suspendimos a menudo todo lo que hacíamos para honrarlo a Él? ¿O consideramos su llegada como una interrupción en nuestra agenda, que fue agradable pero en su "apropiada medida"? Yo me pregunto si cuando María rompió su vaso de alabastro que contenía el precioso perfume de nardo, ella notó que al caer sus lágrimas sobre los sucios pies sin lavar del Señor, formaron como una línea de limpieza? ¿Se dio repentina cuenta de la falta de respeto que se había mostrado para con Jesús, aunque era un huésped invitado en aquella casa? Yo creo que sí, y eso conmovió su corazón. Parecía que su pesar era comparable en intensidad sólo con sus lágrimas que se derramaban como si se hubiera abierto una compuerta. ¡Derramó tantas lágrimas María, que pudo utilizarlas para lavar con ellas los residuos de excremento animal que se habían adherido a los pies del Señor!

¿Pero qué podía utilizar para secar los pies del Maestro? Ella no gozaba de respeto ni tenía autoridad en aquella casa, así que no podía pedir una toalla. Sin toallas ni nada parecido, y no teniendo nada mejor a la mano, utilizó su gloria para enjuagar y secar los pies del Señor. Tomó el desdén y la falta de respeto público para Jesús en aquel lugar como cosa suya. Removió toda evidencia del rechazo público hacia Él con su hermoso cabello, y la hizo suya. *¿Se puede usted imaginar lo que eso significó para el corazón de Dios?* Jesús nos dio una idea de sus sentimientos en ese momento cuando reprendió abierta y públicamente a su anfitrión.

> *Y vuelto a la mujer, dijo a Simón: ¿Ves esta mujer? Entré en tu casa, **y no me diste agua para mis pies**; más ésta ha regado mis pies con lágrimas, y los ha enjuagado con sus cabellos.*
>
> **No me diste beso;** *más ésta, desde que entré, no ha cesado de besar mis pies.*
>
> **No ungiste mi cabeza con aceite;** *más ésta ha ungido con perfume mis pies.*
>
> *Por lo cual te digo que sus muchos pecados le son perdonados, porque amó mucho; más a aquel a quien se le perdona poco, poco ama.* (Lucas 7:44-47)

Tiene que desechar su gloria
para ministrarle a Dios

Dios me habló una vez y me dijo: "María desechó su gloria para ministrarme a mí." Si todos los discípulos estuvieron presentes, había por lo menos otras doce personas en la casa ese día y ninguno había logrado agradar al Señor en la medida en que ella lo logró. Los discípulos lo pasaron por alto, aunque eran buenas personas tal como Pedro, Santiago y Juan. Escúcheme mi querido amigo; puede estar muy ocupado en procurar ser un discípulo *y trabajar como discípulo,* y aun así *pasar por alto la adoración.* ¿Piensa en realidad que Dios necesita que nosotros *hagamos cosas* para Él? ¿No es Él el Creador quien salió al balcón de los cielos y dio forma a los siete mares con la palma de sus manos? ¿No fue Él quien comprimió la tierra para hacer las montañas? Entonces, es obvio que no necesita que *haga* nada para Él. Lo que desea es su *adoración.* Jesús le dijo a la mujer samaritana en el pozo de Jacob: "...los verdaderos adoradores adorarán al Padre en espíritu y en verdad; porque también *el Padre tales adoradores busca que le adoren."* (Juan 4:23)

Como innumerables pastores, ancianos y diáconos en la Iglesia de hoy, los discípulos se pusieron nerviosos cuando vieron esa hambre descarnada de Dios, y dijeron: "¡Que alguien detenga a esa mujer!" Pero Jesús intervino y dijo: "¡No se atrevan a detenerla!" La Iglesia no tiene lugar para las Marías con vasos de alabastro, porque ellas nos ponen nerviosos a todos los demás cuando comienzan a demoler o a desechar su gloria, su orgullo, y su ego justo aquí "en frente de todo el mundo." (El verdadero problema es que nuestro ego y nuestra gloria centrada en nosotros mismos se levantan soberbios como un faro centellante en la plaza de la humildad.)

Dios le dice a su pueblo: "Yo los atraeré muy cerca de mí, *si ustedes desechan su gloria."* Yo lo escucho decir constantemente: "Desecha tu gloria, coloca a un lado tu ego, apártalo de ti. No me importa quién eres, lo que sientes, o cuán importante te crees. Quiero *tenerte,* pero antes debes dejar de lado tu gloria." ¿Por qué? Porque a menudo, sepultar la gloria del hombre, implica el nacimiento de la Gloria de Dios.

María tuvo que llegar al punto en que su pasión le hizo decir: "No me importa quién me ve hacer esto." Quizá sienta un tirón en su corazón al leer estas palabras. Si es así, entonces casi le puedo garantizar que ha aprendido a mantener un rostro impertérrito, y a "conservar su aplomo," aunque sienta un intenso deseo de caer a los pies del Señor suplicando misericordia y perdón. Tiene que permitir que su amor explote y rompa el cascarón y la máscara de "lo que usted pretende ser." Dios anhela que de manera abierta y confiada le exprese cuánto lo ama, aun si antes de hacerlo tiene que dejar de lado su gloria en frente de un grupo de desdeñosos discípulos. Rompa su vaso de alabastro, "su" recipiente de cosas preciosas, y hágalo en una demostración pública de pasión personal.

Dios no necesita sus servicios religiosos; Él anhela su adoración. Y la única adoración que puede aceptar es la que proviene de un corazón y un espíritu humilde. Por lo tanto, si quiere verlo, tendrá que dejar de lado su gloria, y bañar sus pies con sus lágrimas, no importa lo que encuentre allí. (Honestamente, para eso es para lo único que sirve su gloria. Nuestra justicia es a sus ojos como trapos de inmundicia .[8])

El ungido o el ungidor

Nosotros "subimos a un pedestal" a las personas a quien Dios ha ungido. Pero, ¿a quién tiene Dios en memoria? Jesús dice que lo que hizo María "...se contará dondequiera que se predique este evangelio, en todo el mundo... para memoria de ella." Mateo 26:13) Nosotros apreciamos a los ungidos: Dios aprecia a los "ungidores"! Estas son personas que ven su rostro, derramadores de aceite a sus pies, lavadores con lágrimas, humildes amantes de Él, más que de sus cosas.

Yo creo que María en realidad ungió a Jesús *dos veces,* y lo iba a hacer por tercera vez. La primera vez vino a Él como una pecadora y ungió sus pies, deseosa de recibir perdón a cualquier precio. Lucas capítulo 7 tiene la descripción. Luego, en el capítulo 26 de Mateo, y en el 14 de Marcos, se nos cuenta que ungió su cabeza al final de su ministerio terrenal. Jesús mismo dijo que ella lo hizo "para el día de mi sepultura," (Mateo 26:12). Piense un poquito sobre ello. Jesús pendía de la cruz, suspendido entre cielo y tierra como si fuera indigno de ambos, abandonado por todos en sus últimos momentos de agonía.

Pero, ¿qué es lo que Él percibe... más que el salobre olor de la sangre que se escurre por su rostro macerado, más fuerte que el ruido de los dados lanzados por los soldados, sobrepasando la mofa de los sacerdotes judíos? *Es el aroma y la fragancia de la pasada adoración, atrapada en las breñas de su cabello...Él percibe el olor escapado del vaso de alabastro.* El recuerdo de la adoración de una "ungidora" fortalece su decisión y "finaliza" la tarea que tiene entre manos.

Esta misma mujer que lo ungió en vida presenció la curcifixión y dijo: "Yo no puedo dejarlo sin ungir." Y mientras llevaba otro compuesto de especias preciosas para ungir el cuerpo del Señor en la tumba, encontró ésta vacía y otra vez su corazón se conmovió y comenzó a llorar amargamente. ¡Oh el amor de los ungidores! ¡Ellos están dispuestos a derramar sus preciosas especias aun sobre sus sueños muertos!

Jesús acababa de dejar la tumba y hacía su recorrido para rociar su sangre derramada en el propiciatorio cuando oyó a su ser querido llorando. Esta fue en potencia la tarea más importante que Jesús hizo alguna vez, porque era el cumplimiento celestial de la más importante labor que sacerdote humano alguno podía realizar en su santidad y limpieza. Los sumos sacerdotes de Israel tenían que ser bien cuidadosos para evitar contaminarse ceremonialmente, no se permitía que ninguna mujer los tocara. No obstante, cuando Jesús comenzó su ascenso a las alturas para rociar su sangre en el verdadero propiciatorio en los cielos, vio a aquella que había desechado su gloria personal para limpiar sus pies; Él vio a *la ungidora*. Quizás Jesús tenía su pie en el primer peldaño de la escalera de Jacob que ascendía al cielo, cuando abruptamente se detuvo y dijo: "Ella ha regresado a hacerlo otra vez. Ha venido con sus preciosas fragancias y sacrificios de alabanza, sólo que yo no estoy allí para recibirlos." Así que se detuvo en el camino hacia donde debía realizar la tarea más importante de todas y dijo: "Yo no puedo dejarla aquí sin saber lo que ha pasado."

Usted puede literalmente detener los planes y los propósitos de Dios, si es un adorador. Jesús interrumpió lo que hacía para ir hacia una persona que rompió su vaso de alabastro precioso para ungirlo. Él se detuvo cuando vio sus lágrimas y fue y se paró a sus espaldas. Finalmente su voz pronunció su nombre: "¡María... María!"

Dios se detuvo al oír el llanto de una prostituta

¿Cuál fue la razón para que el Hijo de Dios hiciera eso? ¿Por qué el Sumo Sacerdote de los Cielos detuvo su avance hacia el propiciatorio por el llanto de una exprostituta? Permítame decirle que *Él sólo lo hace por los integrantes del "hall de la fama."* Al comienzo, María ni siquiera lo reconoció porque Él había cambiado. Ella inquirió: "¿Dónde lo ha puesto? ¿Dónde ha puesto la presencia familiar que yo solía contemplar?" Ella pensó que el Cristo glorificado era el hortelano. (*suena tan parecido a lo que nos ocurre a muchos de nosotros en el día de hoy, que no reconocemos la Gloria de Dios, aunque Él nos mire a la cara*).

Finalmente María detuvo su llanto lo suficiente como para escuchar la voz del Maestro decir: "María." Su apariencia mortal había cambiado a inmortal, y la totalidad

de su semblante había sufrido alteración, al cambiar su
aspecto terreno por otro celestial. Él dijo rápidamente: "No
me toques. Yo en realidad no quiero volver a pasar por todo
ese sacrificio en la cruz, así que no me toques. Pero María,
yo tenía que hacerte saber que estoy bien. Ve a contárselo
a los discípulos."[9] *Él **tuvo** que decirle que **no** lo tocara;* es
como si hubiése sabido que ella podría hacerlo. Segura-
mente estaba tan cerca de ella que hubiera podido tocarlo
si hubiera querido. *Él se expuso a ser crucificado otra vez
por hablar con una ungidora.*

Dios susurrará sus secretos proféticos antes de que tengan ocurrencia a los adoradores que rompen sus vasos de
alabastro y sacrifican su fragante contenido. En la subli-
midad de su Gloria se dará vuelta y reconocerá públicamente a quienes han desechado su ego y su gloria personal, para compartir su vergüenza e identificarse con Él
como suyos.

¿Está esperando el susurro de Dios?

En cierto sentido Jesús expuso al peligro los propósitos
de Dios el Padre por una adoradora que dejó de lado su
gloria personal. Por eso es que tuvo que ser cuidadoso y
decir: "No me toques." ¡Qué grado de confianza el que tenía en ella! ¿Se ha preguntado alguna vez por qué algunas
personas parecen tener un cierta identificación con el Señor? Por alguna razón Dios parece estar cerca de ellos todo
el tiempo Yo puedo decirle que no es porque prediquen muy
bien, o porque sean unos cantantes estelares. No. Es que
saben cómo poner a un lado su ego y su gloria personal.
Ellos la hacen a un lado para adorar a los pies de Jesús en
quebrantamiento y humildad. Y es por causa de este puñado de sus devotos discípulos que Dios mismo detendrá su
ascenso a los cielos, justamente para susurrar sus secretos
a sus corazones anhelantes.

¿Nota usted que Jesús no quebró el vaso de alabastro
de María? *Ella* tuvo que hacerlo. Si quiere tener ese tipo
de encuentro con Dios, tendrá que "quebrarlo" usted mis-

mo. El nivel más alto de adoración proviene del quebrantamiento, y no hay atajos o fórmulas fáciles que le ayuden
a "alcanzar la cima." Nadie puede hacerlo por usted; eso
es algo que sólo usted puede hacer. Pero si lo hace, Dios se
detendrá en su camino para pasar algún tiempo con usted.

Si Él escucha el ruido que hace al romperse su vaso de
alabastro con sus tesoros personales; si nota el sonido cuando se inclina para colocar de lado su propia gloria, lo detendrá en medio de cualquier actividad, porque Dios no
puede pasar de largo por el lado de un corazón contrito y
humillado.[10] Él va a remover cielo y tierra, justo para visi-
tarlo.

Si quiere saber porqué algunas iglesias llegan al avivamiento, o porqué algunas personas alcanzan la intimidad
con Dios y las multitudes no, la respuesta es que *son personas quebrantadas*. El quebrantamiento de corazón captura la atención del oído y de los ojos de Dios, y esto ocurre
cuando su amor por Él supera su temor del que dirán o de
la opinión de los demás. *Usted no puede ver su rostro y
salvar el "suyo."* El desechamiento, el "fin" de su gloria
personal es el comienzo de la Gloria de Dios.

Notas Finales

1. Ver Filipenses 3:5-6

2. Ver Salmos 91:1

3. Tomé prestada esta frase "corazón incapacitado" de John Bunyan
    en sus libros *El Sacrificio Aceptable,* o *La Excelencia de un Cora-
    zón Quebrantado,* (en versiones Inglesas). (Sterling, VA:Grace
    Abounding Ministries, Inc., 1988; reimprimido de la edición de
    1958 de el Señor O.G.Pearce, The Retreat Harpendon,Herte,
    England)2l. John Bunyan descubrió esta verdad en este, su último
    libro. Él consideró que *El Sacrificio Aceptable* era la culminación
    de su obra, más importante que cualquiera otro, incluido el *Pro-
    greso del Peregrino*. Me gustaría animarlo a leer esta obra si está
    interesado en luchar con Dios. Lo puede adquirir de El Ministerio

"El Filo Cortante," P.O. Box 1788, Medford, Oregon 97501, Estados Unidos de América.

4. Ver Mateo 26:6-7; Marcos 14:3

5. Ver Salmos 56:8

6. Ver 1ª de Corintios 11:15

7. Ver Isaías 64:6

8. Ver Isaías 64:6

9. Ver Juan 20:17. Tres días más tarde Jesús regresó para aparecer al resto de los discípulos. Ellos ya podían tocarlo, pero sólo después de haber completado su misión en el propiciatorio.

10. Ver Salmo 51.

Capítulo 10

Moisés: 1.500 años de búsqueda de la Gloria de Dios

No puede buscar el rostro de Dios y conservar el suyo

C uando Dios nos dice: "No puedes ver mi rostro," la mayoría de nosotros se conforma con realizar nuestras tareas religiosas, y regresar pronto a la vida rutinaria. Cuando descubrimos que obtener los mejores y más profundos tesoros de Dios exige la muerte del ego, muy a menudo suspendemos la búsqueda. No hacemos las preguntas necesarias para descubrir *por qué* su presencia no nos llega en forma barata y fácil. Tal vez es porque las consideramos impertinentes o porque tememos su respuesta. Moisés en cambio persistió. Aprendió que *no es impertinencia buscar a Dios en sí mismo; para Dios, este es su mayor deseo y delicia.*

Este ardiente deseo de ver la Gloria de Dios, de contemplarlo cara a cara, es una de las claves más importantes para el avivamiento, para la reforma y para el cumplimiento de los propósitos de Dios en la tierra. Necesitamos mirar de cerca los 1.500 años de búsqueda de la Gloria de Dios por parte del antiguo patriarca Moisés. Como lo notamos al comienzo, en el capítulo 4, cuando Moisés dijo a Dios: "Muéstrame tu gloria," el Señor le respondió: "No puedes, Moisés. Sólo los muertos ven mi rostro." Por fortuna Moisés no se quedó ahí. Por desgracia, la Iglesia sí.

Sería más fácil para este hombre sentirse satisfecho con la primera respuesta, pero no lo hizo. Moisés no era egoísta o atrevido. No buscaba cosas materiales o fama personal. Ni aún buscaba milagros o dones (aunque Pablo, en su carta a los Corintios, nos insta a buscar los mejores dones). Moisés *sólo* quería a Dios, y ese es el mejor regalo y la mayor bendición que podemos darle a Él. No obstante Moisés tuvo que continuar en su *demanda y su búsqueda,* y ésta no fue fácil.

Él (Moisés) *entonces dijo:* **Te ruego que me muestres tu Gloria.**

Y le respondió: Yo haré pasar todo mi bien delante de tu rostro, y proclamaré el nombre de Jehová delante de ti; y tendré misericordia del que tendré misericordia, y seré clemente para con el que seré clemente.

Dijo más: **No podrás ver mi rostro; porque no me verá hombre y vivirá.**

Y dijo aún Jehová: He aquí un lugar junto a mí, y tú estarás sobre la peña;

Y cuando pase mi gloria, yo te pondré en un hendidura de la peña, y te cubriré con mi mano hasta que haya pasado.

Después apartaré mi mano y **verás mis espaldas; más no verás mi rostro.** (Éxodo 33:18-23)

Moisés sostuvo esta conversación con Dios, cuando los israelitas ya le habían dado la espalda al Señor al pedirles que se acercaran a Él en el Monte Sinaí. Fue Moisés quien de manera osada se internó en la nube de su presencia. Con temor y temblor Israel demandó que Moisés y el sacerdocio aarónico sirvieran de intermediarios entre ellos y el Dios a quien temían por causa de sus pecados. Moisés entraba a menudo en la nube que ocultaba la bendita presencia en el tabernáculo de reunión, y de alguna manera se atrevió a desear *aún más*.

¿Buscamos la aprobación pública, o la de Dios?

Mientras Moisés buscaba a Dios en la cima de una montaña en representación de los hijos de Israel, su hermano Aarón, el Sumo Sacerdote, cedía a la presión de la opinión pública, y accedía a fabricar un ídolo, un becerro de oro, para que los israelitas adoraran como su dios. Después los hijos de Israel se entregaron al disfrute de sus propios placeres, mientras Moisés observaba el dedo de Dios que inscribía la ley en tablas de piedra. Fue después de este episodio que Dios dijo a Moisés que todavía permitiría a los israelitas entrar a la tierra prometida, mas tendrían que hacerlo bajo la dirección de un ángel, "...pero yo no subiré en medio de ti, porque eres pueblo de dura cerviz, no sea que te consuma en el camino." (Exodo 33:3) Esta fue la respuesta de Moisés:

> *Y dijo Moisés a Jehová: Mira, tú me dices a mí: Saca este pueblo; y tú no me has declarado a quién enviarás conmigo. Sin embargo, tú dices: Yo te he conocido por tu nombre, y has hallado también gracia en mis ojos.*
>
> *Ahora, pues, si he hallado gracia en tus ojos, te ruego que me muestres ahora tu camino, para que te conozca, y halle gracia en tus ojos; y mira que esta gente es pueblo tuyo.*
>
> *Y él me dijo: Mi presencia irá contigo, y te daré descanso.*
>
> **Y Moisés respondió: Si tu presencia no ha de ir conmigo, no nos saques de aquí.** (Éxodo 33:12-15)

Moisés vio y experimentó los milagros y la provisión sobrenatural de Dios junto con los demás israelitas. *La Iglesia también los ha experimentado,* por lo menos en una pequeña medida.

La mayoría de nosotros saltaría ante la posibilidad de obtener la fortaleza verbal y la promesa de Dios de marchar con nosotros a dondequiera que fuéramos. Pero, ¿quién nos diría a dónde deberíamos ir? Moisés respondió con sabiduría: "Si tú no nos guías, yo no iré a ninguna parte." *Él comprendió que es "bueno" tener a Dios con uno, pero que es "mejor" que Dios vaya con uno.* El Señor negoció, –por decirlo así– con Moisés: "Te daré *descanso,*" –le dijo. Yo creo que el cumplimiento neotestamentario del "descanso" de Dios para su Iglesia se encuentra en los dones sobrenaturales del Espíritu, que nos capacitan para entrenar y ministrar al Cuerpo de Cristo con un mínimo de esfuerzo humano. En Isaías 28:11-12, la Escritura dice: "Porque en lengua de tartamudos, y en extraña lengua hablará a este pueblo, a los cuales Él dijo: *Este es el reposo...*" Creo que los dones del Espíritu (incluido el don de lenguas), son el "reposo" o "descanso" al cual se refiere el profeta Isaías en este pasaje. En sentido metafórico Dios decía: "Moisés, te daré los dones, el 'reposo'," y Moisés dijo: "Yo no quiero los dones; *te quiero a ti.*" La Iglesia vive tan enamorada de los dones del Espíritu, que ni siquiera conoce al Dador de los dones. Nos divertimos tanto jugando con los dones de Dios, que hemos olvidado darle las gracias por ellos. Lo mejor que podemos hacer como hijos de Dios es poner a un lado los dones por tiempo suficiente para sentarnos al lado del Padre y recostarnos en su regazo. ¡No busque los dones, busque al Dador de los dones! ¡No busque la mano de Dios, busque su rostro!

Moisés deseaba la presencia permanente de Dios, no sólo su visita

Los israelitas rara vez tomaban tiempo para agradecer a Dios por sus hechos poderosos, porque estaban demasiado ocupados en compilar "listas de peticiones" y de quejas oficiales relacionadas con sus deseos físicos y personales. La vasta mayoría de nosotros, en el día de hoy, fallan en lo mismo. Sin embargo, Moisés deseaba algo diferente. Experimentó los milagros, escuchó la voz de Dios y fue testigo de su poder liberador. Más que ninguna otra persona viva en su tiempo, Moisés vivió la manifiesta presencia de Dios en gran medida, durante visitaciones temporales. Pero a pesar de lo que vio y experimentó, Dios le dijo que *mucho más* esperaba por él, más allá de la nube. Más que una *visitación temporal* de Dios, su alma anhelaba su *presencia permanente*. Él deseaba algo más que ver el dedo de Dios u oír su voz hablar desde una nube o una zarza ardiente. Superó el temor para llegar al nivel del amor y la acogedora presencia de Dios permanente se había convertido en su apasionado deseo. Por eso es que le rogó a Dios en Éxodo 33:18:

*"Te ruego **que me muestres tu gloria."***

¡Él quiso ver el rostro de Dios! y Él le concedió en forma rápida su petición en relación con el pueblo de Israel. Su presencia todavía iría delante del pueblo, pero Él no le concedió la más urgente petición en forma directa. Primero dijo que haría pasar todo su bien delante de Moisés, y que lo conocería por el nombre. Pero luego el Señor explicó a Moisés: "No podrás ver mi rostro; porque no me verá hombre y vivirá." (Éxodo 33:20) Esa declaración parecía ser un caso cerrado, pero de alguna manera Moisés sintió que "había una posibilidad." El Señor dijo a Moisés: "Mira, tú no puedes ver mi rostro, pero *hay un lugar cerca de mí* en donde tú puedes verme mientras desaparezco en la distancia." (Ver Éxodo 33:21-23)

La mayoría de las personas se sentirían más que contentas con esa respuesta, pero Moisés había saboreado el gozo celestial de la presencia del Señor, y adquiría un gusto de Dios que ya no podía satisfacer a una "segura" distancia. Dentro de su ser había comenzado un hambre insaciable y una pasión tal se había encendido, que lo llevaría a correr el riesgo de la muerte en la presencia de Dios para lograr satisfacerla. Esa hambre por la presencia de Dios, estaba destinada a prolongarse durante 1.500 años y

a afrontar la muerte si fuera necesario por lograr su satisfacción.

El Señor le dijo a Moisés que se presentara ante Él en la
cumbre del monte la mañana siguiente, y que Él lo escon-
dería en la grieta de una roca mientras su Gloria pasaba
por el frente. Ahora bien, este es un procedimiento interesante. Dios decía: "Ahora, antes de que yo llegue allí, te
voy a tomar y te voy a cubrir con mi mano mientras yo
paso. Después de que haya pasado, voy a retirar mi mano
para que puedas pegar tu cabeza a la hendidura y puedas
mirar en la dirección en que yo me he alejado. Entonces
verás justamente un poquito de "mi espalda," mientras
me alejo en la distancia." (Ver Éxodo 33:22-23)

Así que Dios vino en su Gloria a la velocidad de la luz, o
más rápido aún, para proclamar su Divino Nombre y para
pasar cerca en su Gloria. Cuando pasó retiró su mano de la
hendidura en la peña y Moisés pudo ver la parte posterior
de su Gloria que desaparecería en la distancia. Aun cuando esta breve revelación vino tan rápida como la luz de un
relámpago, hizo tal impacto en Moisés, que lo capacitó para
dictar el libro de Génesis para las generaciones posterio-
res, lo último de la historia de Dios, describiendo su visión
de la creación.

"El problema es que
usted todavía está vivo"

Moisés vio donde Dios estuvo. Él vio la senda y las huellas en donde Dios inventó e invadió el tiempo. Luego pudo
reconstruir la historia con una visión sobrenatural después
de aquel único flash de la Gloria de Dios en retirada frente
a sus propios ojos. Aun después de esta experiencia, Moisés quiso más, pero las palabras de Dios fueron claras: "Tú
estás vivo, Moisés; tú no puedes ver mi rostro."

Moisés sabía que había un propósito mayor detrás del
tabernáculo y de todas las cosas que había recibido de Dios,
y sintió una apremiante necesidad de conocer al Señor y
de ver realizado su eterno propósito. Sabía que la única

manera de hacerlo era si miraba el rostro de Dios. *Yo quiero ver tu Gloria; yo quiero ver el producto final.* El hambre en el corazón de Moisés hizo nacer una oración y una persistencia que desafió las fronteras del tiempo, del espacio y de la eternidad.

> **Si llegas a estar tan hambriento de Dios**
> **Que lo buscas con ansiedad,**
> **Él hará cosas por ti**
> **Que no hará por nadie más.**

La conclusión de esta historia no se puede encontrar en el Antiguo Testamento. Es necesario dar un salto de 1.500 años, o algo así, hacia delante en el tiempo, a una nueva era y a un nuevo pacto para poder encontrar el final del hambre que comenzó en la vida de Moisés, descrita en el libro de Éxodo. Moisés tenía un hambre insaciable de Dios, la cual produjo lo que yo llamo una "oración inolvidable." Esa oración, que pedía ver la Gloria de Dios, ha continuado su eco y resonando en los oídos de Dios, todos los días, todas las semanas y todos los años a través de los siglos, hasta el día en que Jesús habló a sus discípulos de ir a un monte en Israel, muchas generaciones después. Esa oración del corazón de Moisés, nacida del deseo de Dios, fue algo eterno que no conoció límites en el tiempo. Ella no murió el día en que Moisés exhaló su último suspiro sobre la tierra; su eco continuó llenando el recinto del trono de Dios hasta el momento en que fue contestada.

Ese momento llegó tarde en el ministerio terrenal de Jesucristo, un día en que Él llamó aparte a tres de sus más fieles seguidores para que lo acompañaran a la cima de una montaña. Jesús ya había comenzado a inquietar a sus discípulos con declaraciones como: "Porque todo el que quiera salvar su vida la perderá; y todo el que pierda su vida por causa de mí, la hallará. (Mateo 16:25) (Esa declaración todavía nos molesta en el día de hoy, porque hay "muerte" implícita en ella).

Jesús había gastado su vida pródigamente en sus discípulos, pero ellos parecían tener serios problemas para comprender lo que Él hacía y porqué. Gustaban de su enseñanza pero rara vez parecían comprenderla. Se deleitaban al verlo realizar milagros, pero jamás descubrieron el propósito mayor que había tras ellos. Lo seguían para comprender un poco lo que hacía.

Casi todos los discípulos se dormían durante las reuniones de oración

Ese día Jesús llevó a tres de sus discípulos con Él al monte y comenzó a orar. Estoy convencido que los discípulos del primer siglo no eran muy diferentes de los discípulos del siglo veinte, porque parece que todos ellos se dormían durante las sesiones de oración.

> *Aconteció como ocho días después de estas palabras, que tomó a Pedro, a Juan y a Jacobo, y subió al monte a orar.*
>
> *Y entre tanto que oraba, la apariencia de su rostro se hizo otra, y su vestido blanco y resplandeciente.*
>
> *Y he aquí dos varones que hablaban con él, los cuales eran Moisés y Elías; quienes aparecieron rodeados de gloria, y hablaban de su partida, que iba Jesús a cumplir en Jerusalén.*
>
> *Y Pedro y los que estaban con él estaban rendidos de sueño; más permaneciendo despiertos, vieron la gloria de Jesús, y a los dos varones que estaban con él.*
>
> *Y sucedió que apartándose ellos de él, Pedro dijo a Jesús: Maestro, bueno es para nosotros que estemos aquí; y hagamos tres enramadas, una para ti, una para Moisés, y una para Elías; no sabiendo lo que decía.*
>
> *Mientras él decía esto, vino una nube que los cubrió; y tuvieron temor al entrar en la nube.* (Lucas 9:28-34)

Ahí está la nube otra vez. Es casi como si Jesús y sus acompañantes celestiales hubieran pensado: "Ah... si des-

piertan, van a ver la 'Gloria.' Nube, cúbrenos rápido."
¿Nota usted que fue solo después que los discípulos se dur-
mieron que Dios abrió el manto carnal que encubría la
Gloria de Dios en Jesucristo? Hoy nos referimos a ese
monte como el "Monte de la Transfiguración" porque la
Biblia dice que los vestidos del Señor se hicieron "blancos
y resplandecientes." El original griego de la palabra traducida como resplandeciente es *exastrapto* que significa iluminar como relámpago, destello, fulgor, ser radiante.[1] Mientras los discípulos dormían, Jesucristo estaba allí solo, mientras su Gloria era revelada, ¡bañaba y envolvía la tierra
con la luz pre-existente de la Gloria de Dios, como con un
manto fulgurante y luminoso!

Es tiempo de que me veas

Es como si Dios hubiera dicho en ese momento: "Bueno, Miguel y Gabriel, (los dos arcángeles) *vayan por Moisés. Es tiempo de que él vea mi Gloria ahora.*" En el hall de
los cielos desempolvaron la escalera de Jacob y la exten-
dieron hacia la tierra y Moisés descendió a un lugar donde
jamás había estado antes: la tierra prometida de su pueblo. Durante su vida terrena Moisés fue condenado a permanecer del otro lado del río Jordán, del lado del desierto,
y sólo mirar la tierra prometida del avivamiento pero sin
participar en él. Había orado y había pedido ver la Gloria
de Dios, pero nunca pudo verla *hasta después de haber
muerto*. Ese día, 1.500 años después de su muerte, después
que su inolvidable oración resonó incesantemente día tras
día en los oídos de Dios, Moisés, "el muerto que vivía,"
pudo ver finalmente la Gloria de Dios sin velo alguno.

Usted necesita comprender que aun después de su muerte, *sus oraciones siguen viviendo*. Durante 1.500 años la
oración de Moisés resonó una y otra vez: "¡Muéstrame tu
Gloria... muéstrame tu Gloria...!," hasta que punzó la conciencia misma de Dios. El Señor tuvo que hacer una cita
Divina y determinar un día cuando la eternidad
intersectaría las limitadas esferas del tiempo y del espacio.

"Moisés, *ahora que estás muerto* supongo que tendré que contestar esa oración tuya!"

Por esta razón es que me emociono cuando leo sobre las oraciones fieles y persistentes de nuestros antepasados. Mi espíritu se conmociona cuando veo a los santos del día de hoy unir sus fervientes oraciones con las de Aimee Semple McPherson, y las de William Seymour, quienes a menudo pegaron su cabeza sobre los guacales de empacar manzanas en la calle Azusa, clamando porque la Gloria de Dios descendiera.

Cuando la suma total de las oraciones unidas del pueblo de Dios llegue a ser finalmente un eco creciente en el oído de Dios, entonces se hará difícil para Él seguir esperando. Él no pasará por alto las oraciones de los quebrantados y afligidos que buscan su rostro. El día vendrá finalmente cuando Dios desde su trono dirá: *"¡Eso es!"*

Eso fue lo que ocurrió en Argentina cuando el doctor Edward Miller y sus 50 estudiantes comenzaron a asediar el trono Divino con oraciones de ferviente intercesión. Como hemos notado, hasta donde el doctor Miller sabía, Argentina era una tierra en donde la semilla del evangelio no había sido cultivada. Un campo árido espiritual. Él dijo que sólo existían 600 creyentes llenos del Espíritu en toda la nación en ese entonces, pero algunos estudiantes de un pequeño instituto bíblico comenzaron a interceder. Comenzaron a clamar y a llorar con una compasión sobrenatural que el Espíritu Santo había hecho nacer en ellos, por una nación que ni siquiera sabía que existían. Como un trueno Dios respondió la oración de Argentina. Lo mismo ocurre en muchos lugares alrededor del globo terráqueo, en donde el avivamiento brota como un fuego inextinguible. Estamos cansados de hacer las cosas de la manera humana. Queremos que nuestro "Padre" se manifieste, aun si es preciso quebrantarnos hasta la muerte en arrepentimiento para ver que ello ocurra.

Moisés pidió: "Muéstrame tu Gloria" y tuvo que esperar 1.500 años para ver la respuesta a su inolvidable oración. Hubo tres discípulos que se beneficiaron de esa respuesta, pero ellos cayeron en la misma trampa que amenza a la adormilada Iglesia de nuestros días. Moisés subió al monte ese día y vio la Gloria de Dios descubierta y sin velo. Cuando se retiraba, los discípulos despertaron finalmente justo cuando todo se desvanecía y Jesús les decía adiós. No obstante estos tres hombres fueron tan sobrecogidos por el más breve resplandor de su Gloria desvaneciente, que quisieron construir tres monumentos justamente en ese mismo sitio. Pero Dios el Padre intervino desde los cielos y dijo: "No, esto no es todo lo que hay para ver. Ustedes no han visto nada todavía." (Ver Lucas 9:34-35)

A veces nos quedamos cortos

Algunos de nosotros parecemos medrar en las revelaciones momentáneas de Dios cuando Él quiere que busquemos diligentemente sus cosas secretas. A Él le gusta honrar las oraciones de buscadores persistentes como Moisés, pero detendrá nuestros esfuerzos por construir monumentos a las revelaciones parciales e incompletas de su Gloria: especialmente aquellas por las cuales no pagamos con nuestras oraciones y con la muerte de nuestro ego en el altar del quebrantamiento personal. Nos gustan las cosas fáciles, rápidas y baratas: *avivamiento procesado por microondas.* Dios sabe que esas cosas nunca producen un carácter piadoso en nosotros. Él dice:

> *... Si alguno quiere venir en pos de mí, niéguese a sí mismo, y tome su cruz, y sígame.*
>
> *Porque todo el que quiera salvar su vida, la perderá; y todo el que pierda su vida por causa de mí, la hallará.*
>
> *Porque ¿qué aprovechará al hombre, si ganare todo el mundo, y perdiere su alma? ¿O qué recompensa dará el hombre por su alma?* (Mateo 16:24-26)

Someramente he tratado de explicar lo inexplicable, pero todo lo que sé es esto:

"Mientras más muere mi ego, más se acerca Dios." Yo no sé cuánto conoce o tiene usted de Dios, pero Él le revelará más de sí mismo, si está dispuesto a hacer que su ego muera. El Apóstol Pablo dijo en Segunda de Corintios 12:2, que conocía a un hombre (él mismo), que fue arrebatado hasta el tercer cielo. Este Apóstol no solamente sabía algo de Dios; él *conocía a Dios.* ¿Cómo logró él ese íntimo conocimiento? El mismo nos da la respuesta en Primera de Corintios 15:31 cuando dice: "Os aseguro hermanos...que *cada día muero."*

Muchos santos modernos gastan cantidad de tiempo en busca de atajos para acercarse a la Gloria de Dios. Buscamos el "honor sin dolor," *la ganancia sin pena.* Queremos avivamiento en nuestras ciudades, pero no queremos oír que alguien nos diga que el avivamiento sólo viene cuando la gente está hambrienta de Dios, cuando "intercesores vicarios" se arrepienten de pecados que no han cometido, en nombre, en representación y en beneficio de personas que jamás han conocido. Pablo dijo: "Porque deseara yo mismo ser anatema, separado de Cristo, por amor a mis hermanos, los que son mis parientes según la carne." (Romanos 9:3)

Usted lee este libro porque Dios lo guió a hacerlo. Una oración inolvidable, hecha por alguien, algún día y en algún lugar, es contestada hoy. Pero, podría ocurrir que evada la muerte de su ego, y está huya del altar del sacrificio que Dios ha ubicado frente a usted. (No se preocupe, esto nos ocurre a *todos* nosotros.) La bendición más grande no viene de la mano de Dios. Proviene de su rostro cuando tenemos íntima relación con Él. La verdadera fuente de todo poder la encuentra usted cuando finalmente ve y *conoce* a Dios en su Gloria.

Mientras más muere su ego, más se acerca Dios a su vida

Ahora, permítame darle buenas noticias, además de hablarle de muerte y de quebrantamiento personal. Mientras que todo lo carnal muere frente a su Gloria, todo lo que es del Espíritu *vive para siempre* en su Gloria. Esa parte de su ser que realmente quiere vivir, puede vivir para siempre, pero algo en su carne tiene que morir. Permítame decirlo de esta manera: *Su carne detiene la Gloria de Dios.* El Dios de Moisés está deseoso de revelarse hoy, pero no va a ser una bendición "barata." Tendrá que postrarse en el suelo y morir, y *mientras más muera su ego, más cerca de usted podrá Dios venir.*

Olvídese de las opiniones y las expectativas de las personas que lo rodean. Deje de lado toda idea de lo que es el "protocolo religioso normal." Dios usa un solo protocolo para la carne: *la muerte.* El Señor se empeña en redefinir a la Iglesia. Él envía su fuego para consumir todo lo que no es de Él, pero no tiene nada que perder... excepto su carne. Dios no busca gente religiosa; busca personas conforme a su corazón. Quiere gente que lo quiera a Él. Que anhelen al Bendecidor más que a las bendiciones.

Podemos buscar sus bendiciones y jugar con sus juguetes, o podemos decir: "No Padre, no queremos sólo tus bendciones; te queremos *a ti.* Queremos que te acerques a nosotros. Toca nuestros ojos, nuestros oídos y nuestros corazones. Cámbianos Señor. Estamos cansados de nuestra manera de ser. Comprendemos que si nosotros podemos ser cambiados, entonces nuestra ciudad y nuestra nación también podrán cambiar.

¿Permitirá que Dios se acerque a su vida?

Creo que esta generación está muy cerca del avivamiento, pero yo no quiero simplemente mirar cuando el Señor pase por la calle rumbo a cualquier otro lugar en donde la gente *lo desee* en realidad. Esto ocurrirá en *cualquier lugar,* pero si no es aquí y si no somos nosotros, ¿entonces *dónde y quién* Señor? No estamos satisfechos sólo con tus dones, con todo y lo maravillosos que puedan ser. Queremos tenerte a ti, Señor." La ecuación para el avivamiento todavía es la misma:

*"Si **se humillare** mi pueblo,* (si se murieren en el altar del arrepentimiento), *sobre el cual mi nombre es invocado, y oraren,* **y buscaren mi rostro,** *(en vez de avivamiento y visitaciones momentáneas) y se convirtieren de sus malos caminos; entonces yo oiré desde los cielos, y perdonaré sus pecados, y sanaré su tierra."* (2º de Crónicas 7:14)

"Padre, nosotros buscamos tu rostro."

Al redefinir Dios a la Iglesia y emerger ella de la nube de su Gloria, lucirá muy diferente de cómo nosotros la concebimos. Esto ocurrirá porque Dios se posesiona de nuevo de ella, y la lleva mucho más cerca de Él.

¿Nos atreveremos nosotros a acercarnos a su Gloria? En realidad Dios quiso que los hijos de Israel subieran y recibieran los Diez Mandamientos directamente de Él, junto con Moisés. Pero huyeron de la presencia del Señor. La Iglesia se encuentra en peligro de hacer lo mismo en nuestros días. Podemos arriesgarnos a que algo muera en nosotros al acercarnos a su Gloria, o podemos dar vuelta y regresar a nuestras tradiciones humanas, y a la seguridad del legalismo religioso y de los servicios de factura humana en las iglesias.

Debemos crear una zona cómoda para Dios y una incómoda para el hombre, mediante la adoración en arrepentimiento. Nuestras iglesias son más cómodas para el hombre que para Dios. El hombre desea cojines, Dios desea la carne desnuda.

Los israelitas se apartaron y se aislaron de la presencia íntima de Dios, por causa de su temor a la muerte. Del otro lado, Moisés se acercó a la densa oscuridad que contenía oculta la presencia de Dios. Es tiempo de que la Iglesia abrace de veras la cruz de Cristo. Nuestra hambre debe impulsarnos más allá de la muerte de la carne, a la vida y a la luz de la Gloria de Dios. Ese es el destino de la Iglesia del Dios vivo. Pero esto sólo ocurrirá cuando dejemos de lado la seguridad de la "ley del nuevo pacto," de las prácticas religiosas y de las visitaciones "sobrenaturales" cui-